乡村振兴系列丛书

现代农业保险政策与实务

Xiandai Nongye Baoxian Zhengce yu Shiwu

龙文军　齐皓天　李向敏　等 编著

中国农业出版社
北 京

图书在版编目（CIP）数据

现代农业保险政策与实务／龙文军等编著．—北京：
中国农业出版社，2018.10（2019.4 重印）
（乡村振兴系列丛书）
ISBN 978-7-109-24505-1

Ⅰ.①现…　Ⅱ.①龙…　Ⅲ.①农业保险－政策－研究
－中国　Ⅳ.①F842.66

中国版本图书馆 CIP 数据核字（2018）第 196956 号

中国农业出版社出版
（北京市朝阳区麦子店街 18 号楼）
（邮政编码 100125）
责任编辑　赵　刚
———————————————
中国农业出版社印刷厂印刷　　新华书店北京发行所发行
2018 年 10 月第 1 版　　2019 年 4 月北京第 2 次印刷
———————————————
开本：880mm×1230mm　1/32　　印张：4.75
字数：105 千字
定价：28.00 元
（凡本版图书出现印刷、装订错误，请向出版社发行部调换）

　　进入新世纪以来，农业保险发展很快，尤其是 2007 年中央财政补贴以来发展更快。2013 年开始实施的《农业保险条例》将农业保险的发展引入法制化轨道。随着现代农业的不断发展，农业保险的作用越来越凸显。近几年，国家的农业保险支持政策不断完善，经营主体越来越多，经营的险种越来越丰富。

　　全书简要介绍了现代农业的特征、功能和经营主体，分析了现代农业发展面临的新机遇、新挑战和新要求，并对现代农业发展面临的自然风险、市场风险、技术风险、社会风险等进行了剖析。对农业保险的发展和演变情况、经营机构、保费补贴、险种都作了详细介绍。根据《农业保险条例》，详细介绍了农业保险经营的要求、签订合同、理赔等，阐述了农业保险与基层农业部门的关系。分别对种植业、畜牧业、渔业、森林、农机、设施农业保险等进行了分析，从产业特点、主要风险、具体实践以及投保注意事项等方面进行介绍。

　　全书力求把复杂的政策演变和操作流程用简单明白的语言讲述出来，供读者理解和操作参考。

目 录
CONTENTS

第一章
现代农业的特征、功能和经营主体

现代农业是继原始农业、传统农业之后的一个农业发展新阶段。相对于传统农业而言，现代农业是指在工业化、城市化高度发展的条件下，依托工业和城市在资本、科技、信息、人才、市场等方面的优势，以农业资源为基础、以市场为导向、以效益为中心、以产业化为抓手，城市与乡村融为一体，农业与其他产业日益融合，农产品生产、加工、营销、服务相互配套，具有经济、社会、文化、生态多种功能的农业综合系统，是国民经济中具有较强竞争力的现代产业体系。

从传统农业向现代农业转变的过程就是农业现代化的过程。根据发达国家的经验，农业现代化包括三方面：一是农业生产的科学技术和物质条件的现代化，利用先进的科学技术和生产要素装备农业，实现农业生产机械化、电气化、化学化、生物化和信息化；二是农业经营制度和组织管理模式的现代化，利用现代产业经营制度和组织管理方法，实现农业生产专业化、产业化、组织化、商品化、标准化、适度规模化；三是农业经营主体的现代化，用现代科学知识武装农业劳动者的思想观念，培育职业农民和新型经营主体。

进入 21 世纪，中国的工业化、城镇化发展提速，为传统农业向现代农业转变创造了条件，也对加快现代农业发展提出更高要求。2017 年召开的党的十九大提出乡村振兴战略，产业兴旺是乡村振兴的具体要求，现代农业就是产业振兴的主要内容。

一、现代农业的基本特征

现代农业就是要用现代物质条件装备农业，用现代科学技术改造农业，用现代产业体系提升农业，用现代经营形式推进农业，用现代发展理念引领农业，培育新型农民发展农业，提高农业水利化、机械化和信息化水平，提高土地产出率、资源利用率和农业劳动生产率，提高农业素质、效益和竞争力。现代农业发展的主要特征是：

（一）生产方式现代化、标准化、科技化

现代农业生产表现为：农田的水利化、设施化、园艺化，生产工具的机械化、电气化、自动化，投入品的化学化、生物化、绿色环保化，管理的信息化、数字化、模型化和精准化等。现代化的水利设施、园艺设施、机械设施、大棚设施、养殖设施、交通运输设施、网络设施等是现代农业生产的基础设施条件；优质高效的种子、肥料、农药、饲料等是现代农业生产投入的物质基础。

标准化是现代农业生产的内在要求。不仅现代化物质条件装备的应用要求生产流程和操作程序的标准化，而且保障食品质量安全和面向国际市场也要求生产过程的标准化和产出产品的标准化。

现代农业的设备设施和投入品是科技的产物，现代农业生产各个环节也以科学技术广泛应用为特征，如节水灌溉、土壤改良、栽培、植保、机械装备与操作、温室控制技术，饲养、

兽医技术，现代育种、农药、化肥和生物技术，科学的田间管理技术等农业科学技术的广泛应用。基于转基因、无土栽培、航天育种等高新技术基础之上发展起来的农业科技使得农业发展甚至摆脱了自然条件的限制，大大拓展了发展的空间，同时也使得现代农业技术与生物技术、材料技术等越来越紧密地融合在一起。

（二）经营方式产业化、组织化、规模化

产业化经营是从整体上推进传统农业向现代农业转变、加速产业兴旺的有效途径。现代农业是以现代产业的理念为指导、以产业关联关系为基础、以现代产业组织为纽带，逐步形成产业规模化集聚的系统，使农产品的产加销等各环节有机衔接，农业与工业、商业、金融、科技等不同领域横向相互融合，城乡经济社会协调发展，农业产业链大大延伸，农产品市场大为拓展。

组织化是产业化经营的内在要求。现代农业的发展有赖于产业化组织，比如农业产业化龙头企业、农业中小企业、合作社、家庭农场、种养大户、社会化服务组织等，它们形成"公司＋合作社＋农户""公司＋农户""合作社＋农户"等组织模式。

规模化是产业化经营的基本要求和必然结果。适度规模经营是农业产业化经营主体追求利润最大化的基本要求。现代农业规模集聚具有明显的地域特征，与当地农业资源关系紧密。当社会生产力发展到一定阶段以后，现代农业系统内的某些产业会受到集聚规模效益的驱动，向特定农业资源的地理区域集中，从而形成具有一定规模、地域特征明显的现代农业产业集聚区。这些集聚区依托当地农业资源优势，以产业化为手段，

3

以创新为动力，以持续增收增效为目的，形成一业为主、各业协调发展的优势农产品产业带。

（三）管理手段信息化、系统化、智能化

现代农业生产中广泛应用物联网、互联网、卫星定位等现代技术对农业生产、物流、加工、产品质量等数据信息进行采集、传输、存储和处理，再通过管理信息系统平台和软件开发实现对现代农业全流程的系统化管理，比如在大田种植上，应用遥感监测、病虫害远程诊断、水稻智能催芽、农机精准作业等；在设施农业上，应用温室环境自动监测与控制、水肥药智能管理等；在畜禽养殖上，应用精准饲喂、发情监测、自动挤奶等；在水产养殖上，应用水体监控、饵料自动投喂等。作物生产的土壤、光热、水分条件的数据，气象数据，植物浇水、施肥、打药数据，动物的饲料、喂养、疾病、疫苗等数据，通过电子信息处理建立可追溯的系统，为科学生产经营决策提供支撑。大数据、云计算、人工智能等技术手段在现代农业中的应用，进一步推动了现代农业向智能化管理方向发展。便捷的信息系统、日益智能化的管理技术手段，大大提高了现代农业的管理效率，为现代农业的产业化经营、合作化组织和社会化服务创造了条件。

（四）从业人员知识化、新型化、职业化

现代农业要求有知识、懂技术、会经营、善管理的高素质农民。由于现代农业具有较强市场竞争力和盈利能力，从业者可以获得稳定合理的收入，从而使农业从业者走向职业化，农民不再是传统意义上的农民，而成为一种和其他工商业服务从业者并列的一种职业。

二、现代农业的主要功能

（一）经济功能

无论是传统农业还是现代农业，经济功能都是最基本的功能。农业的经济功能主要包括为社会提供食物和基本生产资料，为其他产业发展提供原始资本积累，农民通过市场交换获得相应的经济利益等。现代农业不仅满足人们基本的物质生产和消费需求，而且通过产业化经营提高了农产品的附加值。农业功能拓展以后，经济功能得到充分发挥。主要体现在：①现代农业不仅提高了劳动生产率和土地产出率，增加产出，而且现代农业突破自然条件限制，从时间和空间上改变农业的供给结构，为人们提供所必需的农产品。②现代农业不仅保障了农产品数量安全，而且提高了农产品质量和信息追溯性，保障农产品质量安全。③现代农业通过产业化经营，不仅为市场提供初级农产品，还加强对高附加值农产品的开发，建立起农副产品的生产、加工和市场销售的生产经营体系，对提高现代农业的生产效益和增加农民收入起着重要作用，农民收入的增加必然扩大农村消费市场，从而增加农村工业品市场的消费。④现代农业将高新技术运用其中，因而逐渐演变为资本和技术相对集中的产业，扩大了投资需求。

（二）社会功能

农业具有解决就业、保障农民生活、提供养老保障、维护社会稳定、促进经济社会协调发展等重要社会功能。这主要表现在：①现代农业产业链条纵向延伸、横向拓展，不断和第二、三产业融合发展，大大增加了就业机会，增强就业吸纳能力。②现代农业把资本、技术等许多资源要素和现代生产生活方式带到广大农村，促进农村环境、经济、社会、文化全面发展，对乡村振兴具有重要作用。③现代农业把现代组织管理技术和经验带到农村，促进农村社会治理的现代化。

（三）文化功能

现代农业有度假、休闲、观光功能，农业体验功能，教育功能，文化传承和文化创意功能等。随着现代城市居民消费观念的转变，农业的文化功能不断拓展。①城市郊区的度假村、现代农庄、休闲农庄、农家乐等主要为城市居民提供节假日度假、休闲、观光、娱乐服务。②有的现代农庄专门经营农田领养、果树领养、果蔬采摘等项目，为城市居民和游客提供农业体验服务。③现代农业基地对学生开放，提供农业教育服务。④将农村的自然风光、农耕文化、农村古建、乡风民俗、民族工艺品、民间舞蹈等农业、农村文化资源进行整合，形成极具特色的农业文化旅游产业。⑤现代农业把农业与文化创意相结合，将文化创意融入农产品和服务中，创造了农产品的新价值和一系列的农业文化创意产品。

（四）生态功能

现代农业是资源节约型和环境友好型农业，把发展农业生产力和保护生态环境统一起来，强调集约化发展方式，合理利用自然资源，更加注重绿色、有机、生态保护和可持续发展，具有显著的土壤保持、水源涵养、气候调节、生物多样性维护等生态调节作用。立体农业、生态农业、循环农业、绿色农业、有机农业等都是可以更好发挥生态功能的典型现代农业模式。

三、现代农业的新型经营主体

现代农业的新型经营主体主要包括：农业企业、农民合作社、家庭农场、专业大户、农业社会化服务组织，不同主体在价值链中的分工和功能不同。

（一）农业企业

农业企业是公司制企业，具有产权明晰、治理结构完善、管理效率较高，以及技术装备先进、融资和抗风险能力较强、产品附加值高、辐射带动能力较强等基本特征。农业企业主要从事农产品生产、加工或流通，通过各种利益联结机制与农户相联系，使农产品生产、加工、销售有机结合，实现一体化经营。一方面，龙头企业承载着向农业导入先进生产要素，对接小农户与大市场的重任，是资本和技术集约型农业的示范引领者、农业结构调整优化的推动者；另一方面，龙头企业作为现代农业经营体系中最具创新能力的主体，在引导产业环节融合互动，推动资源要素融合渗透，推进农村一二三产业融合发展的过程中扮演着重要的角色。龙头企业已成为工商资本进入农村、投资农业的主要形式和重要载体。

（二）农民合作社

农民合作社是农户通过联合与合作组建起来的一种组织化经营主体。合作社在现代农业发展中发挥联结农户、企业和市场的作用。农民合作社是在家庭承包经营的基础上，由同类农产品的生产经营者或生产经营服务的提供者、利用者，实行自愿联合、民主管理的互助性经济组织。[①] 合作社的基本特征是：成员以农民为主体、决策实行一人一票、分配主要按比例返还，通过横向联合扩大经营规模。合作社以其成员为主要服务对象，提供农业生产资料的购买，农产品的销售、加工、运输、贮藏以及与农业生产经营有关的技术、信息等服务；合作社在厂商和农民，城市和农村之间筑起金色的经济桥梁，在农业产业化经营中发挥着重要作用。一是把千家万户小生产的农户组织起来，抱成一团，提高农业标准化、规模化、市场化程度，实现农业增效、农民增收。二是为农民的专业化生产提供产前、产中和产后服务，推广应用先进的农业科学技术，提高农民抵御市场风险、经营风险和自然风险的能力。

（三）家庭农场和专业大户

家庭农场和专业种养大户是在农村分工分业发展的背景下，逐步形成的以家庭成员为主要劳动力，面向市场从事集约化、专业化、标准化生产经营，以务农为家庭收入主要来源的农业生产经营主体。专业大户更多的是围绕某一种农产品从事专业化生产，其种养规模明显大于一般农户，比如种粮大户、经济作物种植大户、畜禽养殖大户、水产养殖大户等。家庭农场和专业大户具有经营规模较大、监督成本较低等基本特征。

（四）农业社会化服务组织

农业社会化服务组织是指为农业生产的经营主体提供各种服务的社会经济组织。大体包括两类：一类是以国家设在基层

---

① 此定义为 2006 年通过的《中华人民共和国农民专业合作社法》中提出的。

的公益性服务机构为主体的公益性服务组织，另一类是除公益性服务机构以外的其他各种经营性服务组织。实际上，许多专业大户、农民合作社、龙头企业也都不同程度地为农户提供生产经营服务，它们既是经营主体，又是社会化服务组织。这些服务组织主要提供产前的生产资料供应（种子、化肥、农药、薄膜等）、产中的耕种技术、栽培技术、病虫害防治技术等技术服务以及产后的销售、运输、加工等服务。

新型农业社会化服务组织有效地把各种现代要素注入生产经营之中，不断提高农业物质技术装备水平，推进农业生产专业化、商品化和社会化，把千家万户的分散生产经营变为千家万户相互联结、共同行动的合作生产、联合经营，实现小规模经营与大市场的有效对接，大幅度降低市场风险。

第二章
现代农业发展的新机遇、新挑战和新要求

进入 21 世纪以来，党中央、国务院从经济社会发展全局提出了建设现代农业的重大任务。2004 年以来，中央连续印发了 15 个中央 1 号文件，就如何推进现代农业发展作出了一系列部署。2012 年初，国务院发布了《全国现代农业发展规划（2011—2015 年）》，提出了"十二五"时期现代农业建设的思路、目标和任务。党的十八大提出了坚持走中国特色新型工业化、信息化、城镇化、农业现代化道路，加快发展现代农业，增强农业综合生产能力，确保国家粮食安全和重要农产品有效供给，明确和发展了现代农业建设的目标与任务。党的十八届三中全会对全面深化改革作出了系统部署，从加快构建新型农业经营体系、赋予农民更多财产权利、推进城乡要素平等交换和公共资源均衡配置、完善城镇化健康发展体制机制等方面，提出了许多突破性的改革措施，进一步破除农业农村经济发展的制度障碍，不断增强现代农业发展活力。党的十九大提出了乡村振兴战略，农业农村优先发展的态势更加明显。

经过多年探索和不懈努力，我国现代农业建设迈出了坚实步伐、取得了巨大成就，但与飞速行进着的城镇化、工业化和信息化相比，农业现代化仍是"四化"的短板。"十三五"时期，在资本积累、技术进步、政策支撑等条件作用下，中国现

第二章 现代农业发展的新机遇、新挑战和新要求

代农业进入加速发展阶段。伴随中国经济发展进入新常态，农业结构性矛盾日益显现，成本"地板"不断抬高，价格和补贴的"天花板"制约加大，资源约束日益趋紧，农业生态环境更加脆弱。与此同时，国际农产品价格进入长期下行通道，国内外价差扩大，中国农产品进口数量不断增加、出口减少，农业竞争不断加剧，WTO对中国农业的影响加深。在新形势下，现代农业发展面临的国内外环境发生了深刻变化，机遇和挑战并存，对现代农业发展提出了新的要求。

一、现代农业发展的新机遇

（一）农业现代化建设取得巨大成就，为现代农业进一步发展奠定良好基础

一是现代农业的物质基础不断夯实。截至 2015 年，中国农业科技进步贡献率超过 56%，主要农作物良种基本实现全覆盖，耕种收综合机械化水平达到 63%，农田有效灌溉面积占比超过 52%，农业物质装备和技术水平显著提升。二是土地流转和多种形式的适度规模经营大量涌现。据农业部统计，截至 2016 年 6 月底，全国流转的家庭承包的土地 3.8 亿亩[①]，是 2008 年年底的 3.3 倍，占农户承包土地总面积的 28.8%，比 2008 年年底提高 19.7 个百分点。以规模经营为特征的专业种养大户、家庭农场、农业合作组织、农业社会化服务组织、农业企业等新型经营主体大量涌现，为现代农业发展注入新的活力。三是粮食连年高位增产，实现了农业综合生产能力质的飞跃。从 2003 年开始到 2015 年，粮食产量十二连增，从 2003

---

① 亩为非法定计量单位，1 亩≈667 平方米，下同。

年的 4.31 亿吨增长到 2015 年的 6.21 亿吨，12 年内提高了 1.9 亿吨。四是农民收入持续较快增长，扭转了城乡居民收入差距扩大的态势。农民人均可支配收入也从 2003 年的 2 622 元增加到 2015 年 11 422 元，12 年之内提高了 8 800 元，城乡居民收入比降到 2.9：1 以下。粮食增产、农民增收、农村经济繁荣为国民经济的健康发展奠定了良好基础。

"十三五"期间，随着强农惠农富农政策力度的持续加大，农村土地制度、产权制度、农村经营体系等重点领域和关键环节改革向纵深推进，支撑现代农业发展的物质基础和政策条件更加牢固，农业有望在惠农政策推力、技术进步动力、农村改革活力的共同作用下，继续保持稳定发展态势，重要农产品的生产能力将逐步提高。在推动农业生产能力提升的因素中，技术和资本对劳动力的替代、社会化服务对家庭劳动的替代现象将越来越显著，物联网、分子育种、先进装备制造等高新技术在农业领域的应用将更加广泛，农业标准化和信息化水平将逐步提高；同时，新型农业社会化服务体系将更加完善，农业生产环节外包、土地托管等将成为重要趋势，农业组织化程度将不断提高。

（二）加快补齐农业发展的短板成为共识，为现代农业加速发展汇聚强大推动力

农业现代化仍是"四化"的短板，加快补齐农业农村短板已成为全党的共识。2013—2016 年连续四年中央 1 号文件聚焦农业现代化。2013 年提出"加快发展现代农业，进一步增强农村发展活力"；2014 年提出"全面深化农村改革，加快推进农业现代化"；2015 年提出"加大改革创新力度，加快农业现代化建设"；2016 年提出"牢固树立和深入贯彻落实创新、协

调、绿色、开放、共享的发展理念,大力推进农业现代化"。《全国农业现代化规划(2016—2020 年)》以贯彻新发展理念,加快转变农业发展方式,提高质量效益和竞争力为目标,对"十三五"时期现代农业发展做了具体规划,从推进体制机制创新,优化农业产业布局,推进农村一二三产业融合,培育新型经营主体和职业农民,实施绿色兴农重大工程,加大支农惠农富农力度,健全财政投入稳定增长机制,拓宽社会资本市场化投入渠道,优化农业补贴政策,创新信贷、保险等支农措施,大力扶持农村贫困地区脱贫攻坚,促进农业现代化与新型城镇化相辅相成等方面做了一系列新部署新安排,不断加大政府对现代农业发展的支持和引导。全社会关注现代农业建设的氛围更加浓厚,工商资本和其他社会资本参与农业现代化进程的积极性空前高涨,为现代农业建设开辟了新的支持途径,创造了良好的外部环境。"十三五"时期,在资本积累、技术进步、政策支撑等条件作用下,现代农业将进入加速发展阶段。

(三) 新型工业化、城镇化快速推进,为现代农业发展带来持续牵引力

工业化快速发展不仅为改造传统农业提供了现代生产要素和管理手段,也为国家支持现代农业建设积累了雄厚财力。我国已进入工业化中期,为改造传统农业提供更多现代要素的能力大大增强。城镇化不仅为进一步转移农村剩余劳动力、推进农业适度规模经营创造了条件,也拉动了农产品需求不断增长。2016 年我国常住人口城镇化率达 57.4%,人均收入达到 8 260 美元。根据发达国家平均城镇化水平为 70% 以上、人均收入 1.2 万美元的经验,中国未来在向中高等收入迈进的过程

中，城镇化进程仍有较大空间。随着城镇化水平和居民收入水平的提高，居民消费结构加快升级，为现代农业发展创造了巨大空间。随着城镇居民收入水平的提高和生活方式的变化，不但要吃得饱更要吃得好，对安全、优质农产品的需求增加，而且对农业体验、休闲、旅游、教育等多方面功能的消费需求也日益增多，将为现代农业发展带来持续牵引力。

（四）信息化加速发展，技术不断创新，为现代农业转型升级提供强大支撑力

党的十八大提出新型工业化、信息化、城镇化、农业现代化"四化"同步的发展路径，把信息化列入现代化的发展目标。"十二五"时期，农业部编制了第一个全国农业农村信息化发展五年规划，推动信息技术向农业农村渗透融合。农业生产信息化迈出坚实步伐，物联网、大数据、空间信息、移动互联网等信息技术在农业生产的在线监测、精准作业、数字化管理等方面得到了不同程度的应用。农业经营信息化快速发展，农村电子商务在各地竞相迸发，农产品进城与工业品下乡双向流通的发展格局正在形成。农业管理信息化深入推进，信息系统已覆盖农业行业统计监测、监管评估、信息管理、预警防控、指挥调度、行政执法、行政办公等七类重要业务，农业大数据发展应用开始起步。"三农"服务信息化全面提升，形成政府统筹、部门协作、社会参与的多元化、市场化推进格局。2016年，农业部印发《"十三五"全国农业农村信息化发展规划》，继续推动信息化技术渗入到农业各个领域，将为我国"十三五"时期现代农业发展提供宝贵机遇。同时，基因组学、转录组学、基因定向转移、动物克隆等技术正成为新基因争夺和新技术竞争的制高点，"十三五"期间将出现一大批利用转

基因、分子设计等现代生物学技术培育出的高产优质多抗高效的作物新品种。先进农机具等在农业生产中广泛应用，旱作节水、生态农业、绿色农业等技术加快推广普及等，新一轮科技革命和产业变革正在孕育兴起，为现代农业转型升级提供强大支撑力。

（五）农村各项改革全面展开，为现代农业发展注入新的活力

党的十八大以来，农村各项改革全面展开。以农村土地为核心的产权制度改革稳步推进，农村土地所有权、承包权、经营权"三权分置"，将有利于在坚持农民家庭经营主体地位的同时，引导土地经营权规范有序流转，创新土地流转和规模经营方式，积极发展多种形式适度规模经营。以适度规模经营为突破口的农业生产经营体系不断创新，国家进一步扶持发展新型农业经营主体，培育新型职业农民，健全农业社会化服务体系，加快供销合作社改革发展，推进农业产业化示范基地建设和龙头企业转型升级，引导农民以土地经营权入股合作社。农村金融保险制度改革持续推进，综合运用财政税收、货币信贷、金融监管等政策措施，推动金融资源继续向"三农"倾斜，农业保险、新型农村合作金融不断发展，对新型农业经营主体的金融服务将日益完善。重要农产品价格形成机制改革正在破题，农业支持保护制度将向着以增强农业竞争力和可持续发展为导向的方向调整。城乡发展一体化体制机制不断健全，户籍制度改革积极推进，将加快推动农业人口市民化。这一系列改革为现代农业发展注入新的活力。

（六）产业融合发展拓展了现代农业的内涵和外延，为现代农业发展创造广阔的成长空间和新的增长点

产业融合发展大大拓展了现代农业的内涵和外延，为各类主体投资农业创造良好的产业机遇。从横向看，过去传统农业主要包括农林牧渔四大产业，以产品生产为主；现代农业不仅仅表现为产品生产的特征，还表现为观光旅游休闲、生态环境恢复、文化传承等多重功能。从农业农村部获悉，截至2017年，休闲农业和乡村旅游各类经营主体已达33万家，比上年增加了3万多家，营业收入近5 500亿元，整个产业呈现出"井喷式"增长态势。从纵向看，过去传统农业的范畴主要包括从种到收，仅仅是单一的生产环节；现代农业则包括从产前生产资料投入，产中社会化服务，到产后的收获、加工、流通、贸易、营销等各环节，形成完整产业链条。2017年农产品加工业规模以上企业主营业务收入达19.4万亿元，占全国规模工业的16.7%，农产品加工横跨三次产业，在带动就业增收和满足消费需求方面发挥了重要作用。

产业融合已成为世界范围内产业发展不可阻挡的潮流，新的产业革命正在不断孕育，农村产业融合也将不可避免地汇入这一历史性潮流当中。"十三五"期间，随着制度改革向纵深推进，城乡统一市场体系不断形成，市场配置资源的决定性作用进一步发挥，城乡要素自由流动的障碍逐步破除，以技术、资本为代表的现代生产要素、新的商业模式和业态，将全方位、大规模向农村渗透，势必带来农业生产方式和组织方式的深刻变革；同时，城市人口增加和消费结构升级，为扩大农产品消费需求、拓展农业功能提供了更为广阔的空间，也为农业实现规模化生产、集约化经营创造了条件。在国家产业融合支

持政策和示范性平台的带动下，生产要素重新配置带动的供给结构变化和消费升级带动的需求变化，将共同促进农业产业链和价值链建设，推动农业产业链条延伸和农业功能不断拓展，农村一二三产业融合将真正进入大发展时期。在一二三产业融合发展过程中，现代农业的主导功能将在经济、社会、文化、生态、休闲、旅游、教育等多功能方面向更深更广的层次拓展，为现代农业发展创造广阔的成长空间和新的增长点，为各类主体投资农业创造良好的产业机遇。

二、现代农业发展的新挑战

（一）经济增速放缓，宏观环境趋紧，现代农业发展肩负的使命更加艰巨

中国经济经历改革开放 30 多年的高速发展之后，由高速增长转为中高速增长，经济增长阶段发生根本性转换。从 2012 年起中国 GDP 增速开始回落，2017 年 GDP 增速降到 6.9%，国民收入进入中等收入国家行列，面临"中等收入陷阱"的考验；工业化进入中期阶段，面临产能过剩、结构调整的阵痛；城镇化水平超过 50%（2017 年常住人口城镇化率 58.52%），根据发达国家城镇化水平"S"型的增长经验，城镇化水平面临增速下降的转折点。上述形势变化将使现代农业发展的宏观环境日益趋紧。一是各级政府财政收入增速随之放缓，支持现代农业发展的经济基础面临挑战；二是农业转移人口的就业机会减少，近年来农民工返乡务农现象大量出现，农业人口转移难度加大，一定程度上制约了农村土地流转和适度规模经营的发展，进而将阻碍农业劳动生产率的快速提高。

現代农业保险政策与实务

在宏观环境日益趋紧的大背景下，现代农业发展肩负的历史使命却更加艰巨。第一，拉动经济增长的三驾马车中，投资、出口对经济增长的贡献在减弱，扩大国内需求成为今后经济增长的战略基点，亟须农业现代化为工业化、信息化、城镇化发展创造新的市场空间和增长点。第二，粮食生产"十二连增"之后，技术进步难度加大、速度放缓，依靠增加要素投入和过度开发利用资源环境的增产模式也已走到尽头，粮食增产的空间缩小。而中国作为人口大国，仍处于工业化、城镇化继续推进阶段，居民收入水平提高，消费结构升级，对农产品的刚性需求在短期内不会发生根本性改变，农产品供求关系由总量平衡向总量基本平衡、结构性短缺、长期偏紧转变。据有关推算，2020 年我国粮食消费需求预计达到 7.2 亿吨，棉油糖、肉蛋奶消费需求均有不同程度增长。而综合各方面实现基础和条件，预计到 2020 年粮食总产可达到 6.5 亿吨左右，供需缺口约 7 000 万吨。在经济增速和财政收入增速的双放缓中，尽快提高农业的劳动产出率和资源配置效率，保障粮食等重要农产品有效供给，是现代农业发展必须肩负的艰巨使命。

（二）国内农业成本不断上升，国际农产品价格长期下降，现代农业发展面对国际竞争的压力增大

从国内农业生产成本的上升趋势来看，现代农业的生产经营进入高投入、高成本阶段。一方面，物质生产资料、土地、劳动力等要素价格刚性上涨；另一方面，生产性的服务费用支出快速增加。尤其是在工业化、城镇化过程中，农业劳动力和土地价格不由农业内部决定，而由其机会成本决定。据《全国农产品成本收益资料汇编》数据显示，中国三大主粮亩均总成本从 2010 年的 600.41 元增长到 2016 年的 1 093.62 元，增长

18

了182%。其中亩均人工成本从2010年的188.39元增长到2016年的441.78元，增长了235%；亩均土地成本从2010年的114.62元增长到2016年的222.27元，增长了194%，其中流转土地租金2016年比2010年增长251%。人工和土地成本占总成本的比例高达60%以上。

从中外主要农产品生产成本绝对水平的比较来看，据农业农村部农业贸易促进中心利用2013年数据测算，2013中国5种主要农产品生产成本已经全面高于其他主产国。亩成本绝对差距相对较小的是水稻，比美国高91.74元；其次是大豆，比巴西高184.92元、比美国高148.97元；玉米比美国高321.46元；小麦比欧盟高224.63元、比美国高596.35元，亩成本绝对差距最大的是棉花，比美国高1 357.37元。一般差幅在20%~30%，高的超过60%。以每千克农产品的生产成本比较来看，水稻比美国高56.2%（0.88元）；小麦比美国高33.8%（0.62元）、比欧盟高32.2%（0.60元）；玉米比美国高97.3%（1.02元）；大豆比美国高83.2%（2.06元）、比巴西高100.7%（2.28元）；棉花比美国高30.6%（5.79元）。较高的农产品生产成本自然要求较高的市场价格，这样才能使生产持续下去。从每千克农产品的生产者价格来看，水稻比美国高38.6%（0.76元）；小麦比欧盟高42.3%（0.70元）、比美国高46%（0.74元）；玉米比美国高94%（1.05元）；大豆比巴西高58.9%（1.74元）、比美国高63.9%（1.83元）；棉花比美国高66.8%（7.48元）。

在开放市场条件下，农产品市场均衡价格不是由国内成本决定，而是由国际价格决定。2012年开始，国际农产品价格进入下行通道，而国内农产品价格在成本上升和价格支持政策干预的共同作用下，仍在高位运行，国内外主要农产品价格出现倒挂。近年来主要农产品的国内外价差不断扩大，价差最大时的 2015 年上半年，大米、小麦、玉米三大主粮的国内批发市场价格比配额内进口到岸价每吨分别高 1 200 元、600 元、700 元。内外价差的扩大进而导致农产品进口激增，出口减少，中国玉米、水稻等重要农产品陷入生产量、库存量、进口量"三量齐增"的矛盾局面。2011 年以前我国部分粮食品种是净出口的，2012 年以后中国所有粮食品种都陷入了进口的局面。2014 年粮食进口总量突破 1 亿吨，2015 年粮食进口量增长到 1.25 亿吨。此外，植物油、棉花、食糖、牛奶、牛羊肉、猪肉等农产品也全面出现价差驱动型的被动进口局面。

价格是竞争力的直接体现，成本是竞争力的根本，中国农业生产成本全面高于主要竞争国的状态将长期存在。然而根据美国农业部、OECD 等国际权威机构预测，全球大宗农产品价格持续低位运行的趋势短期内不会改变，加上汇率变化、国际石油价格下降，国际运价低廉等因素的长期存在，国内外农产品价格倒挂的局面短期内难以改变，中国农业将长期面临竞争力不足的压力，现代农业发展面临国际竞争的挑战异常严峻。

（三）WTO 对中国农业的影响加深，可用的农业保护措施有限，现代农业发展受到的外部冲击更加强烈

在快速工业化、城镇化进程中，农业的生产成本不断提高和比较效益持续下降是多数工业化国家的共同经历。发达国家在经历这一变化的过程中，普遍对农业实施保护来促进农业现代化发展和提升农业竞争力。为了促进农业贸易自由化，在美国、欧盟的主导下，在世界贸易组织（WTO）乌拉圭回合谈判中达成了限制农业保护的 WTO 农业规则（乌拉圭回合《农

业协定》)，要求成员一方面削减关税等贸易壁垒，另一方面削减扭曲贸易的农业国内补贴（WTO"黄箱"补贴）。乌拉圭回合《农业协定》1995年正式生效，中国2001年才加入WTO，作为后来者，中国加入WTO时经过激烈的谈判，最终在农业保护方面做出了较大让步，承诺对农产品保持较低的关税水平和补贴水平。

在关税方面，中国对玉米、稻谷、小麦、棉花、食糖等敏感农产品承诺的配额内关税水平仅为1%～3%，配额外关税约为60%；对大豆、大麦、高粱、木薯、酒糟（DDGS）承诺的是单一关税，水平仅为2%～5%。目前，由于国际农产品存在巨大的成本优势，价格远低于国内，部分产品的国际价格即使加上配额外60%的关税，和国内产品价格相比仍有竞争力。所以，在现行WTO规则框架下，中国保护农业的边境保护措施非常有限，国内农产品价格受到国际价格"天花板"的制约，也将逐步走低。

在国内补贴方面，中国承诺的"黄箱"补贴微量允许水平为产值的8.5%，即不针对特定产品对整个农业实施的具有贸易扭曲作用的国内补贴不得超过农业产值的8.5%，对特定农产品的补贴不超过该产品产值的8.5%。目前，我国主要粮棉油大宗农产品的国内"黄箱"补贴已接近8.5%的"黄箱"约束水平，棉花、大豆可能已经超过8.5%的约束水平，2016年9月13日美国正式向WTO起诉中国农业补贴超标的问题。如果中国败诉，将面临严重的贸易制裁（贸易报复）。所以中国农业补贴受WTO"黄箱"上限"天花板"的制约，今后通过进一步增加农业补贴的方式保护农民利益的空间有限。在WTO规则框架下，中国本来就缺乏竞争力的农业要和发达国家具有很强竞争力的农业展开不公平的残酷竞争，农业利润受不断升高的成本"地板"与价格和补贴"天花板"的双重挤压，农业增效、农民增收的难度越来越大，现代农业发展受到的外部冲击更加强烈。

（四）农业资源约束趋紧，生态环境脆弱，现代农业发展方式转变的要求更加紧迫

2004 年以来粮食的增产相当程度上是建立在化肥农药等要素投入的增加和对土地、水等农业资源过度开发、超强利用基础之上的。随着工业化、城镇化的深入推进，耕地、水土资源减少的趋势不可逆转。据有关测算，城镇化率每提高 1 个百分点，耕地就会减少 600 万亩，守住 18 亿亩耕地红线任务十分艰巨。当前华北、东北大面积使用地下水灌溉，井越打越深，地下水资源严重超采，生态系统十分脆弱。与此同时，农业生态环境污染日益严重，农业资源污染加剧态势尚未得到根本扭转。目前，我国化肥亩均施用量是世界平均水平的 4 倍以上，利用率仅为 40%；每年使用的农药在 180 万吨左右，据有关部门的测算，真正能够作用于作物发挥作用的比例不到 30%，农药污染耕地面积达 1.4 亿亩；每年使用的塑料薄膜大概在 240 多万吨，但是能够回收的不到 140 万吨，那就意味着每年有 100 万吨以上的塑料薄膜遗留在土地里；工业和城市对农业污染有增无减，镉、汞、砷等重金属不断向水土渗透；还有整个水体的污染、畜禽粪便污染、秸秆燃烧造成的大气污染等。

此外，农业生态环境污染对农产品质量安全带来严重威胁。一方面威胁消费者的生命健康，另一方面对新型经营主体带来更大经济损失。因为现代农业是企业化、产品化、品牌化经营，与一般小规模农户相比，新型农业经营主体其经营规模

大、资本投入多、遭受风险高，一旦出现质量安全问题，造成的损失更大。比如一些地方的镉大米事件对种植大户、合作社和加工企业造成了严重损失。

农业资源和生态环境所面临的压力前所未有，转变现代农业发展方式，提高资源利用效率，加强生态环境保护，推动农业发展方式由资源消耗、环境污染型向资源节约、环境友好型转变刻不容缓。

（五）农业的风险日益加大，农业保险重大制约瓶颈尚未突破，现代农业的风险管理难度日益增加

第一，气候变化和恶劣天气事件频发增加现代农业的自然风险。有研究表明，强风暴、干旱和热浪等极端天气事件将快速增加，过去百年一遇的粮食短缺未来可能每30年出现一次（董利苹，2015）。国内农业自然灾害同样呈现频率变高、周期变短的趋势。20世纪50年代中国自然灾害发生频率是19.56次，到80年代变为28.18次；1953—1966年间灾害发生的平均周期长度为3.5年，1971—1991年间变为3年（王国敏，2007）。随着全球气候变化，农业面临的自然风险将更加严重。

第二，粮食市场自由化、金融化和开放程度不断提高，增加了现代农业的市场风险。伴随多双边贸易协定的达成，我国不断放宽农产品市场的准入条件以符合国际规范，今后中国粮食市场的开放程度仍将不断提高，对外依存度不断增加，受国际市场的影响越来越大。粮食价格支持政策的改革，使农民直接面对激烈的市场竞争，不可避免将会加大粮食价格风险。受货币政策、资本市场和生物质能源开发等因素共同驱动，粮食市场的金融化、能源化趋势凸显。长期来看，粮食市场波动除

23

受传统影响供需的因素外，还受金融化和能源化等非传统因素影响，市场风险成因日趋复杂。

我国正处于传统农业向现代农业转型跨越的关键时期，农业规模化、标准化、组织化、集约化水平持续提高，农业进入了高投入、高产出的发展阶段，农业的自然风险、市场风险和质量安全风险显著加大，农业农村经济对农业保险的需求愈发旺盛，依赖程度显著增强。然而中国农业保险发展滞后，农业金融保险服务仍未取得根本性突破。中国当前实施的农业保险主要是针对自然风险的灾害保险，且保障水平低，无法保障市场风险，农民参与积极性不高；农产品价格保险只在小范围试点展开，覆盖面小，难以满足农业发展要求；农业保险的再保险体系尚不完善。如何更好管理日益增加的风险，是现代农业面临的巨大挑战。

（六）现代农业发展水平还不高，结构不平衡，发展的任务依然繁重

一是物质技术装备水平低，农业科技的实力还不强，夯实现代农业物质基础、强化科技支撑的任务日益繁重。农田还有2/3以上是中低产田，耕地还有50％以上属于水资源紧缺的干旱、半干旱地区，1/3的耕地易受洪水威胁，科技进步贡献率低于发达国家20个百分点左右，科技成果转化率只有40％左右，农机化发展水平不高，水稻、玉米机械化收获水平分别只有30％和40％左右，棉油糖机械化技术瓶颈尚未突破；农业机械难以满足保护农业生态的要求；农业信息化应用水平低，农业物联网、互联网等先进技术的应用推广还处于起步阶段，对农业生产经营服务作用远未发挥。尤其是在种子技术方面，虽然中国育种技术已有很大进步，但与国际的发展水平相比差

距还非常大。据有关部门的统计，国内的种子市场正在逐步被国外的公司占领，2001 年，国际品牌的玉米种子在国内市场份额占有率不到 1%，但到 2013 年已经超过了 12%。甜菜的种子，国外品种占据国内市场的 96%，向日葵种子占 60%，胡萝卜种子占 50%，整个蔬菜种子占 13%，而且还有进一步扩大的态势。

二是农业生产的组织化程度和市场化程度比较低。农业生产成本的提高和农业组织化程度、市场化程度也有相当大的关系。党的十八届三中全会之后，农业的组织化程度、市场化程度、农业经营体制的创新，各地都在大踏步地向前推进，但中国所面临的很多困难和问题，确实具有发展阶段的独特性。中国人多地少，土地经营规模很小，由此也导致了劳动生产率低下，农产品缺少价格优势，没有竞争力。

三是农业劳动力结构性不足问题突出。随着农村青壮年劳动力向城镇和非农产业转移，农业劳动力供求结构进入总量过剩与结构性、区域性短缺并存的新阶段，关键农时缺人手、现代农业缺人才。许多地方留守在农村的，以妇女、儿童和老年人为主，农村务农劳动力的平均年龄已超过 50 岁以上。工业化、城镇化进程的深入推进将推动青壮年劳动力进一步转移，具有"恋农恋土情结"的老一代农民将逐步退出，新生代农民工不愿务农、不会种地。培养现代农业新型经营主体和发展社会化服务的任务艰巨。

四是我国农业社会化服务体系不健全，总体服务水平较低，服务内容比较单一，服务管理不够规范，难以适应现代农业生产发展的需要；农产品质量监管体系建设还很薄弱，手段依然落后，监测没有实现全程覆盖。

三、现代农业发展的新要求

当前，农业发展面临机遇和挑战并存的新形势，农业现代化与工业化、信息化、城镇化同步发展的要求更加紧迫，保障粮食等重要农产品的有效供给与资源环境承载能力的矛盾更加突出。

（一）国际竞争，全球战略

一方面，中国是世界上的农业生产和贸易大国，作为WTO成员，市场的开放趋势不可逆转。在开放市场条件下，中国农业必须按照比较优势原则，参与国际竞争，进行全球范围的农业资源配置和农业贸易。另一方面，中国农业发展肩负确保国家粮食安全，解决13多亿人口吃饭问题的艰巨使命，在国内农业资源约束趋紧、生态环境脆弱的巨大压力下，需要利用国际国内两种资源和两个市场，优化国内农业结构，缓解资源环境压力。因此，中国现代农业必须以积极的姿态参与国际竞争，实施全球农业战略。

从国家层面来讲，一要完善农业对外开放战略布局，统筹农产品进出口，加快形成农业对外贸易与国内农业发展相互促进的政策体系，实现保障国内市场需求、促进结构调整、保护国内产业和农民利益的有机统一。二要加大对农产品出口支持力度，巩固农产品出口传统优势。三要优化重要农产品进口的全球布局，推进进口来源多元化，加快形成互利共赢的稳定经贸关系。四要统筹制定和实施农业对外合作规划，加强与"一带一路"沿线国家和地区及周边国家和地区的农业投资、贸易、科技、动植物检疫合作。五要支持我国企业开展多种形式的跨国经营，加强农产品加工、储运、贸易等环节合作，培育具有国际竞争力的粮商和农业企业集团。

从现代农业经营者层面来讲，首先不能把自身的发展寄希望于国家的补贴和保护，要参考国际市场行情，按照市场竞争机制进行生产经营决策；有实力的农业产业化龙头企业要主动把"引进来"和"走出去"相结合，积极引进国外先进技术和管理经验，培育自身新的竞争优势，扩大特色和高附加值农产品出口；实施全球化战略，积极开展多种形式的跨国经营。中国农业企业在走出去参与国际竞争过程中，单打独斗的作战方式很难取胜，必须组织起来、抱团出海，提高集体竞争力。

（二）苦练内功，节本增效

"打铁还需自身硬"，无论是被动接受国际竞争，还是主动实施全球农业战略，都必须不断提高中国现代农业的发展水平和竞争能力。

从政府层面讲，一要摈弃以增加要素投入为驱动的发展模式，实施创新驱动，着力提升农业科技、物质装备和技术水平。要大力推进农业科技自主创新，构建现代农作物种业体系，推进农业新品种新技术推广和集成应用。大力推进标准化生产，加强高标准农田、畜禽规模化养殖场（小区）和标准化池塘建设。完善农业信息化服务体系，建设农业智能生产示范基地和园区，大力发展网络化、智能化、精细化的现代农业新模式。发展农产品现代流通方式，完善农产品流通体系。

二要以适度规模经营为突破口创新现代农业经营体系。从中国人多地少、农村情况千差万别的实际出发，家庭经营在相当长的时期都将占据基础性地位，要加快发展和完善农业社会化服务体系。加强农作物重大病虫害监测预警和防控能力建

27

设，健全动物防疫体系。积极培养新型农业经营主体，鼓励农民专业合作社、新型职业农民、专业服务公司、农民经纪人、龙头企业及各类工商资本提供多种形式的农业生产经营服务。

三要积极推进农村一二三产业融合发展。推进种养结合型、农业功能拓展型、技术渗透型融合模式的发展，促进农产品加工业和休闲农业等集群化发展。增强经营主体推进农村产业融合发展能力，支持新型经营主体发展壮大，激发供销社、信用社、邮政系统参与农村产业融合发展的动力，提高农户参与农村产业融合的能力，引导不同类型经营主体分工协作、优势互补。积极培育新业态，实施"互联网＋"现代农业行动计划，大力发展农村电子商务，探索搭建电商产业园，大力发展智慧农业和休闲农业，提升设施农业发展层次，鼓励社区支持农业、农业众筹、个性化定制农业等新业态发展。构建农村产业融合发展的公共服务体系，建立健全多元化公共服务平台，引导服务组织增强服务能力。

（三）组织起来，加强合作

现代农业不仅要求生产规模化，更需要经营的产业化、组织化和规模化。必须把以家庭经营为基础的广大农户和新型经营主体组织起来，加强产业合作，推进农业产业链整合和价值链提升，让农民共享产业融合发展的增值收益。

从国家层面讲，要加强政策引导，促进完善农业产业链与农民的利益联结机制。通过政府与社会资本合作、贴息、设立基金等方式，带动社会资本投向农村新产业新业态。财政支农资金使用要与建立农民分享产业链利益机制相联系。

从现代农业经营主体角度讲，要引导普通农户通过多种形式加入农民合作组织，完善农民的利益联结机制。创新发展订单农业，建设稳定的原料生产基地，为农户提供贷款担保，资助订单农户参加农业保险。发展股份合作，引导农户自愿以土地经营权等入股龙头企业和农民合作社，采取"保底收益＋按股分红"等方式，让农户分享加工销售环节收益，建立健全风险防范机制。

（四）资源节约，生态安全

在农业资源约束趋紧，生态环境脆弱、农产品质量安全堪忧的严峻挑战下，必须确立发展绿色农业就是保护生态环境的观念，加快形成资源利用高效、生态系统稳定、产地环境良好、产品质量安全的农业发展新格局。

从国家层面讲，一要完善最严格的耕地保护制度、集约节约用地制度、水资源管理制度、环境保护制度，着力提高制度执行力。按照生产能力不降低的原则，完善耕地占补平衡制度，全力推动节水、节地、节药、节肥、节能、节种等节约型农业。二要加快农业环境突出问题治理。探索实行耕地轮作休耕制度试点，通过轮作、休耕、退耕、替代种植等多种方式对地下水漏斗区、重金属污染区、生态严重退化地区开展综合治理。三要加强农业生态保护和修复。实施山水林田湖草生态保护和修复工程，进行整体保护、系统修复、综合治理。实施全国水土保持规划，推进荒漠化、石漠化、水土流失综合治理；按照作物生产可持续要求改进农业机械设计，开发对土壤和景观影响小的智能、简单、精准、高效、实用的农业机械；积极推广高效生态循环农业模式，加快发展生态农业，优化城乡绿地空间格局，完善农业生态功能。四要强化农产品质量安全管理。进一步扶持各省综合检测中心和市县级检测站建设，推进县级农产品质检站建设全覆盖，启动乡镇速测室建设。强化例行监测和质量普查，扩大农兽药残留、水产品药残、饲料及饲料添加剂等监控范围，及时消除风险隐患。重点开展水稻、油菜、蔬菜、茶叶、水果、食用菌等农产品的安全种植及检测技术研发。构建覆盖全国的监测技术研发和推广网络。建立农产品质量安全风险评估制度和运行机制，强化全国农产品质量安全监测数据分析处理平台建设，全面实施风险监测计划，动态掌握风险隐患。完善农产品质量安全突发事件应急预案，建立快速反应机制。

（五）创新机制，市场导向

现代农业坚持市场导向的原则，创新体制机制，更好地发挥市场在资源配置中的决定性作用。

一要加快改革农村土地产权制度，增强农村土地要素的市场活力。中共十八届三中全会已明确了加快完善土地所有权、承包权、经营权分置办法。引导和规范工商资本流转土地，建立健全土地流转风险防范机制。扎实开展土地承包经营权抵押、担保，防范潜在风险。探索建立土地承包经营权市场化退出和集团经济组织回购等机制。促进农村土地经营权按照市场化原则有序流转。

二要按照市场定价、价补分离的原则，改革完善粮食等重要农产品价格形成机制和收储制度。坚持市场化改革取向与保护农民利益并重，采取差价直补和定量收储相结合的方式，采取"分品种施策、渐进式推进"的办法，完善农产品市场调控制度。按照政策性职能和经营性职能分离的原则，改革完善中央储备粮管理体制。科学确定粮食等重要农产品的国家储备规模，完善吞吐调节机制。

三要完善金融制度，善用市场化手段支持农业发展。健全农业金融政策支持体系，扩大小微金融机构覆盖面，支持农民互助金融组织发展，提高农业金融政策执行力。加大涉农金融产品开发扶持力度，支持互联网金融为代表的新型金融业态参与现代农业建设。

四要建立农业风险防控机制，创新完善农业保险制度。要加强自然灾害和重大动植物病虫害预测预报和预警体系建设，提高农业防灾减灾能力。积极发展农业保险，按照政府引导、政策支持、市场运作、农民自愿的原则，建立完善农业保险体系。拓宽涉农保险保单质押范围，推进农民合作社开展互助保险试点，扩大农产品价格保险试点范围。完善农业巨灾风险转移分摊机制，探索建立中央、地方财政支持的农业再保险体系。

（六）完善政策，强化支持

在WTO规则框架下，中国基于特定农产品"黄箱"补贴的政策空间非常有限，非特定产品"黄箱"补贴的空间巨大，还有"绿箱"支持不受WTO规则限制，这就要求中国改革完善农业支持政策。

一是加大财政支农力度。提高财政支农比例，创新财政投入方式，优化财政支农结构，规范涉农部门支持农业发展的职能和方式，全面推进财政预算编制环节整合各级政府各部门涉农资金，规范引导类、应急类农业专项资金。

二是加大农业"绿箱"支持力度。补贴不与产品、当前生产面积、产量价格等要素挂钩。进一步增加用于促进现代农业发展的农田水利支持、现代农业设施、农机具购置补贴。要扩大农业政策性保险试点范围，增加各级财政对农户参加农业保险的保费补贴，重点支持农民合作社、家庭农场、种养大户、农业企业等新型农业经营主体的保险保障，提高重要农产品的保险赔付率。

三是加强农产品贸易边境保护。要充分利用 WTO 边境保护措施，围绕我国重要农产品，加强反补贴、反倾销措施和"农业协定"中特殊保障措施的触发条件及应对办法研究，联合具有共同贸易政策诉求的新兴工业化国家，形成统一政策立场，通过 WTO 多边谈判机制，制定基于农业资源禀赋的公平贸易规则，争取享受类似欧盟和日韩等农业资源短缺型国家的边境保护措施。

第三章
现代农业发展面临的主要风险

风险无时不有，无处不在。在推进乡村振兴过程中不可避免地会遇到诸多风险。这些风险不仅种类繁多，而且相互交织、相互关联。

一、自然风险

自然风险也就是通常所说的自然灾害。我国地域辽阔，多种气候交替出现，有时甚至交织出现，同时地理环境复杂，我国是世界上遭受自然灾害最为严重的国家之一。自然风险大致可以分为以下几类：

（一）气象灾害

1. 干旱

旱灾是对我国农业危害最大的灾害，据统计，全国每年因干旱造成粮食的损失占粮食总损失的一半以上。按干旱出现的季节，可以分为春旱、夏旱、伏旱、秋旱等。秦岭淮河以北地区春旱突出，有"十年九春旱"之说。黄淮海地区经常出现春夏连旱，甚至春夏秋连旱，是全国受旱面积最大的区域；长江中下游地区主要是伏旱和伏秋连旱，有的年份虽在梅雨季节，还会因梅雨期缩短或少雨而形成干旱；西北大部分地区、东北地区西部常年受旱；西南地区春夏旱对农业生产影响较大，四川东部则经常出现伏秋旱；华南地区旱灾也时有发生。

2. 洪涝

洪涝是水灾和涝灾的总称。水灾一般是指因河流泛滥淹没土地造成的灾害；涝灾指的是因长时间大雨或暴雨而产生的大面积积水或土地过湿致使作物生长不良而减产的现象。洪涝灾害对我国农业的影响仅次于旱灾，集中分布于东北平原、黄淮海平原和长江中下游平原。1998 年 6—9 月，我国长江流域和嫩江、松花江流域出现了历史罕见的特大洪灾，全国共有 29 个省（自治区、直辖市）遭受了不同程度的洪涝灾害。据统计，农田受灾面积 2 229 万公顷（3.34 亿亩），成灾面积 1 378 万公顷（2.07 亿亩），死亡 4 150 人，倒塌房屋 685 万间，直接经济损失 2 551 亿元。

3. 低温冻害

低温冻害主要是因为强冷空气和寒潮入侵造成的连续多日气温下降，使作物因环境温度过低而减产的农业气象灾害。不同类型的低温冻害分布有明显差异。春季低温主要危害江南及华南，俗称"倒春寒"；夏季低温主要发生在东北；秋季低温主要危害我国南方，又称"寒露风"。2008 年初，我国南方地区发生持续低温雨雪冰冻灾害对农业生产造成严重的影响。雨雪冰冻灾害使 1.78 亿亩农作物受灾，因灾死亡畜禽 6 956 万头只，水产养殖受灾面积 1 455 万亩。油菜、蔬菜、果树、茶树、甘蔗、马铃薯等农作物遭受严重冻害，生猪、家禽、水产等养殖品种因灾死亡较多。

4. 台风

台风也是我国主要自然灾害之一，主要集中东南沿海地区。平均每年有 7 个台风（或热带风暴）在我国沿海登陆，最多年份可达 12 个。每次台风登陆都会造成大面积农田受淹、粮食减产和渔业损失，对农业生产和发展造成一定程度的影响。

5. 风雹

风雹灾害是指冰雹、雷雨大风和龙卷风等强对流性天气造成的自然灾害，对农业影响巨大。一般情况下，大风能够刮倒农作物，造成大面积农作物减产，特别是像中国北方小麦产区，如果在灌浆期遇到风雹灾害，将造成大片倒伏，而小麦一旦倒伏，就将导致灌浆过程减缓或终止，从而严重降低产量。每年的 4—6 月是我国雹灾发生次数最多的时段，而这一阶段恰好就是每年农业耕种和收获的重要季节。从天而降的冰雹经常让农民猝不及防，再加上猛烈的暴风雨，给正在开花结果的果树、玉米、蔬菜等农作物造成毁灭性的破坏，常使丰收在望的农作物在顷刻之间化为乌有。

（二）生态灾害

我国的生态灾害包括水土流失、土地荒漠化和沙化、赤潮等，主要集中在北方干旱、半干旱地区及南方丘陵山地，这些地区生态条件比较恶劣，易受自然变化及人类活动的影响。

1. 水土流失

水土流失对我国农业生态系统影响严重。水土流失每年造成大量肥沃土壤流失，同时带走了土壤中大量的养分。据估算，我国平均每年流失土壤达 50 亿吨以上。由于植被破坏造成的水土流失进一步破坏了生态平衡，加重了旱灾、洪涝等灾害。水土流失灾害以黄土高原、太行山区及江南丘陵地区最为严重。

2. 土壤荒漠化和沙化

土壤荒漠化和沙化是指由于气候异常和人类活动在内的种种因素造成的土地退化。我国土地荒漠化和沙化状况严重，保护与治理任务艰巨，荒漠化和沙化土地面积分别占国土面积的1/4以上和1/6以上。西北及长城沿线以北地区，如塔里木盆地周围、鄂尔多斯高原、河西走廊等地区是我国荒漠化多发区。

3. 赤潮

赤潮是由于某些微小浮游生物在营养十分丰富的条件下，大量繁殖和高度密集在水体表面所引起的海水变色的现象。赤潮色泽艳丽，耀眼夺目，危害极为严重。赤潮能杀死贝类、虾类和鱼类，并能使渔汛推迟，鱼群分散，难于捕捞，故对渔业危害很大。随着沿海地区工农业生产的发展，人口的急剧增加，工农业废水和生活污水排放入海，海洋污染日趋严重，赤潮变得频繁和严重。

（三）生物灾害

1. 农作物病虫害

农作物病虫害种类多危害大，不仅可以造成农作物大面积减产，甚至绝收，还导致农产品大批量变质，造成严重的经济损失。小麦锈病是我国发生范围最广、危害最严重的一类小麦病害，在各麦区均有发生。水稻病害主要分布在秦岭—淮河一线以南。棉铃虫病广泛分布于我国主要棉花产区，黄河流域棉区和新疆棉区受害尤其严重。

2. 蝗灾与鼠害

蝗灾和鼠害是广泛发生的两种生物灾害，它们不仅危害农作物和农田，还对草场、森林造成严重威胁。由于蝗灾发生的自然环境条件，古今基本上差不多，所以我国的蝗灾并没有因农业现代化发展而消失，反之只要是条件合适，蝗灾便会卷土重来。我国蝗区大体上可概括为四个：一是滨湖蝗区，主要包括山东、江苏、新疆和内蒙古的蝗区；二是沿海蝗区，包括渤海和黄海蝗区；三是内陆蝗区，主要为河北保定、邢台、邯郸，山东聊城、德州等地区的蝗区，蝗虫发生面积比较集中；四为河泛蝗区，包括黄河、淮河和海河水系流域等蝗区。同样，我国的鼠害也相当严重。老鼠不仅糟蹋粮食、破坏草原和林木，还传播疾病，危害人体健康。

二、市场风险

（一）市场价格不确定性风险

在市场机制下，价格随着供需关系的变化而变化。由于农产品受气候、自然灾害、种植结构和规模等诸多因素的影响，造成市场供需波动，导致价格的不确定性，最终影响农民的收益。近年来，蔬菜价格像过山车一样的现象屡见不鲜，说明价格不确定性风险很大。

（二）市场需求多样多变性风险

人们的需求是不断发展变化的。倘若农民不能依市场需求去组织生产，提供的农产品与市场需求"不合拍"，即使农业有较大幅度的增产，农民也难以从中获益。因为市场上价格、需求的较难预测，而农民对市场反馈回来的经济信号反应不灵敏或分析不正确，做出错误的预测和判断，所以会造成巨大损失。

（三）农业宏观政策变动风险

国家出台的各种农村政策及其稳定性也可能给农业带来一些风险。农业产业政策的调整、种植区域格局的调整、农产品价格形成机制的完善等，都对农业的生产经营造成很大影响。

三、技术风险

先进科技在降低农业对自然资源的依赖，促进农业生产发展的同时，也会带来一定风险。技术风险是指在农业科学技术成果推广与运用过程中，由于其自身的局限性而导致农业生产经营者预期产量或收益无法实现的风险。技术风险主要体现在新技术对使用者素质的要求、新技术的适用性及外部性上。第一，农业技术多以知识形态存在，即便如作物、牲畜品种等以实物形态存在，也很难直观辨别其优劣，这对技术使用者的素质提出了一定要求。第二，每项农业新技术均有其适用性。现代农业生产过程本身就是用现代农业科技改造农业的过程，而现代农业科技自身也有一个不断发展与提高的过程。一项新的农业科技成果既可能拓展传统农业的生产可能性边界，提高农产品品质，也可能会由于种种原因无法带来预期收益。第三，农业科技成果具有外部性。由于大多数农业科技成果具有公共物品属性，农业科技成果使用者不可能独占该项技术成果所产生的正外部性，因此当众多使用者共同享用某项农业科技成果时，可能会使该技术效应发生逆向转化。如一项可以提高农产品产量或品质的农业科技成果得以全面推广后，众多该成果采用者的农产品产量或品质均得到了大幅度提高，结果可能导致该农产品价格因供过于求而下降，且农产品又属于需求缺乏弹

38

性商品，农民还可能会因此而减少收入。随着农业科技在现代农业生产经营中的广泛应用，技术风险呈上升趋势。

四、社会风险

　　社会风险是指由于个人或团体的社会行为给农业生产经营者造成损失的可能性。社会风险损失主要来自两方面：一是产业关联者行为。随着现代农业的推进，相对稳定的农业产业链将逐渐建立，且各参与主体的相互作用力将逐渐增强，产业链中各参与主体的行为都将直接影响到农业生产经营者的农业风险程度。农业生产资料经营者、农产品收购者等的不良信用和经营中的不良行为都可能造成农业生产者的损失。二是非产业关联者行为，非相关产业部门的行为通过某种传导机制也可能给农业造成严重损失。当产业关联者行为和非产业关联者行为交织在一起，就会放大社会风险，甚至对行业造成沉重的打击。2006年，一些养殖户为降低养殖成本使用违禁药物，导致多宝鱼体内药物残留超标。一时间，多宝鱼含有致癌违禁物质的新闻在全国各地闹得沸沸扬扬。部分产业关联者的违规行为与有失公正、客观的报道结合在一起，不仅使山东海水养殖业遭到重创，损失惨重，沿海其他省市也受到很大波及，多宝鱼产业至此元气大伤。

第四章
农业保险的发展

一、农业保险政策的演变

20 世纪 30 年代，金陵大学农学院和上海银行在安徽和县成立了乌江耕牛保险会，开办耕牛保险，开启了中国农业保险的最早实践。如果从这个时候算起，我国农业保险至今已走过了 80 多个春秋。中华人民共和国成立后我国农业保险经历了初期快速发展—停办，恢复后快速发展—再度萎缩，新一轮试点后的快速发展和进入制度化持续发展轨道的四个阶段，我国农业保险政策也随着政府的重视程度和支持力度而发生了三次大的变革（表 4 - 1）。

表 4 - 1　中华人民共和国成立后我国农业保险的发展阶段和政策特点

时　间	农业保险发展情况	农业保险政策特点
20 世纪 50 年代（1950—1958 年）	中华人民共和国成立初期得到迅速发展，人民公社成立后遭到停办	计划经济下，作为政治任务强制执行
改革开放至新世纪初（1982—2003 年）	改革开放后得到恢复，迎来发展的高潮，但 1993 年市场化改革后逐渐萎缩、走向低迷	农业保险商业化模式探索，政府缺位、没有给予特殊的政策支持

（续）

时 间	农业保险发展情况	农业保险政策特点
2004—2012 年	新一轮试点，迎来农业保险的春天，农业保险得到快速发展，成为世界农业保险大国	农业保险的政策性属性凸显，政府的支持力度不断加大
2013 年至今	继续快速发展，农业保险创新不断涌现，功能得到拓展	《农业保险条例》正式实施，跨入法制化、制度化发展道路

新中国成立以后，我国农业保险发展的第一个阶段是 20世纪 50 年代。这个时期新中国刚刚成立，为尽快恢复和促进农业生产，中国人民保险公司试办农业保险业务，并将农业保险与当时的行政中心工作——土改、抗美援朝结合在一起，国家以政治任务的形式推进。政府对农业保险的参与主要体现在组织和强制农民参加保险两个方面。1958 年人民公社成立后，农业保险进入了长达 24 年的停办期。

第二个阶段是 1982—2003 年。党的十一届三中全会以后，我国全面实行家庭联产承包责任制。为适应农村工作的新形势，国务院在 1982 年决定恢复农业保险，此后直至 1992 年，中国人民保险公司在全国范围内进行了大规模的农业保险试验，我国农业保险经历了第一个快速发展阶段，当时人保在大部分乡镇都开设有农业保险经办机构，农业保险保费收入、承保规模、参保农户等多个指标都达到历史最好水平。但 1993年以后，随着中国人民保险公司的市场化改革，农业保险业务因亏损严重被边缘化、被"战略性收缩"，自此又一次进入了萎缩、甚至崩溃的低迷期。在这个时期，农业保险完全是保险公司在商业化经营的道路上自由探索。

第三个阶段是 2004—2012 年。进入 21 世纪以后，我国总体上进入了"工业反哺农业、城市支持农村"的发展新阶段，党和政府对农业的支持力度不断加大，不断探索支持农业和农村发展的新途径和新方式。2004 年中央 1 号文件首次提出要加快建立政策性农业保险制度，之后每年的中央 1 号文件以及 2006 年的国发 23 号文件都对发展政策性农业保险提出了明确的要求，一度被忽视的农业保险支持政策逐渐重视起来，有关部门制定了相应的政策和措施，农业保险迎来了发展的春天。尤其是在 2007 年中央财政开始提供农业保险保费补贴之后，农业保险在各个省份都得到快速的发展，保费收入连续多年保持 30% 以上的增长率，一跃成为"世界第二、亚洲第一"的农业保险大国。这个时期我国农业保险的一个突出特点是更加突出农业保险的政策性属性，各级政府都将农业保险视为支农方式的重要创新，从政策、经费和操作等各方面给予了大力的支持。

第四个阶段是 2013 年至今。经过多年的试点，我国农业保险首个正式制度安排——《农业保险条例》终于在 2012 年 10 月 24 日经国务院常务会议讨论通过，2013 年 3 月 1 日起正式实施，至此，我国新一轮农业保险正式走上了法制化、制度化的发展道路。在这个时期，党和国家对农业保险的支持力度依然在不断加大，2013—2018 年的中央 1 号文件都对农业保险发展提出了明确要求，在实践中各保险公司踊跃参与农业保险，农业保险的承保责任从自然灾害风险扩展至市场风险，农业保险的产品创新、技术创新和模式创新不断涌现，我国农业保险进入了一个更高的发展阶段。

二、农业保险经营机构

1982年,我国只有一家即中国人民保险公司开办农业保险业务,经过30多年的发展,我国的农业保险经营主体迅速增加。农业保险在前期试点中,主要由人保财险、中华保险2家综合性保险公司和安华农业保险、安信农业保险、阳光农业保险和国元农业保险4家专业性农险公司以及安盟保险1家外资公司承保,这7家公司的农险业务占市场份额的96％以上。近年来,许多财产保险公司也陆续开始进入农业保险市场,新的专业性农业保险公司相继成立,目前已形成了综合性保险公司、专业性保险公司、再保险公司、专业协会、保险经纪公司等农业保险经营机构共同经营农业保险相关业务的局面。

目前,我国农业保险经营机构众多,按照农业保险业务经营机构的性质划分,我国农业保险业务大体上是由三类机构具体运营的,分别是:商业保险公司、相互制保险公司以及农业互助保险协会。

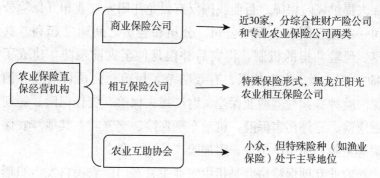

图 4-1 我国农业保险直保业务经营主体分类

目前，我国农业保险业务绝大部分是通过综合性保险公司和专业性保险公司来经营的，这些商业保险公司是我国农业保险业务最主要的经营主体。其中，专业性农业保险公司是以农业保险为其主要业务的商业保险公司，目前主要有4家，分别是安信农业保险公司、安华农业保险公司、国元农业保险公司和中原农业保险公司；另一类是不以农业保险作为主营业务的综合性财产保险公司，这类公司以最早经营农业保险业务的中国人民财产保险公司和中华联合股份有限公司为代表。随着我国农业保险的升温和快速发展，目前，越来越多的全国性或地方性综合性财产保险公司开始经营农业保险业务，如中国人寿财险、华农财险、中国太保、中国平安、太平保险、锦泰保险、泰山保险、紫金保险等。我国经营农业保险业务的商业保险公司由2008年的7家增加到目前的30多家，每个省市至少有2家保险公司获得农业保险业务经办资格。

相互制保险公司是另外一种特殊的保险组织形式，虽然也采用公司化经营，但和商业保险公司不同，它不以盈利为目的，而是投保人以投保方式取得公司会员资格，用投保人交纳的纯保险费形成保险基金，以投保人之间互助共济的方式为投保人提供风险保障。目前我国仅有黑龙江阳光农业相互保险公司一家相互制农业保险公司。公司和会员之间建立起利益共享、风险共担的机制，将灾后补偿延伸至灾前预防，建成了"防、保、救、赔"体系，有效防范了风险。公司目前开办的保险险种有：种养两业保险、财产损失保险、责任保险、短期健康险、意外伤害保险、机动车辆保险、交强险、其他涉农保险等主险产品100余个，附加险产品200余个。

农业互助保险协会是指由农业主管部门或农民自发组织形成、以服务农业生产为目的的互助非营利性组织。由于部分险种（如水产养殖险）的高风险或高昂操作成本，商业性保险公司无力或无意开办此类业务，因此，农业互助保险协会是经营我国农业保险业务的重要组成部分。农业互助保险协会的特点是全体成员既是保险人，又是投保人。在协会内部，资产、债务均归参与互助协会的全体成员所有，年度结余逐年滚存，积累起来以后用于抵御大灾赔付。例如，中国渔业互保协会以及各地渔业互保协会依托渔业主管部门和广大渔民，积极开展互助保险业务，已成为我国渔业保险领域最主要的经营机构。互助协会有开展农业保险的优势：一是保险人与被保险人具有利益上的一致性，易于经营管理；二是无手续费、无代理费，农民参加保险比较便利。

三、农业保险的保费补贴

（一）农业保险保费补贴政策

自 2004 年以来，历年的中央 1 号文件都对财政补贴农业保险提出了明确的政策导向，党中央和国务院对财政补贴农业保险的重视程度和政策支持力度都呈现不断加大的趋势（表 4-2）。

表 4-2 2004—2018 年中央 1 号文件有关农业保险支持政策

年份	政 策
2004	加快建立政策性农业保险制度，选择部分产品和部分地区率先试点，有条件的地方可对参加种养业保险的农户给予一定的保费补贴
2005	扩大农业政策性保险的试点范围，鼓励商业性保险机构开展农业保险业务
2006	稳步推进农业政策性保险试点工作，加快发展多种形式、多种渠道的农业保险

（续）

年份	政 策
2007	扩大农业政策性保险试点范围，各级财政对农户参加农业保险给予保费补贴，完善农业巨灾风险转移分摊机制，探索建立中央、地方财政支持的农业再保险体系
2008	完善政策性农业保险经营机制和发展模式。建立健全农业再保险体系，逐步形成农业巨灾风险转移分担机制
2009	加快发展政策性农业保险，扩大试点范围、增加险种，加大中央财政对中西部地区保费补贴力度，加快建立农业再保险体系和财政支持的巨灾风险分散机制，鼓励在农村发展互助合作保险和商业保险业务。探索建立农村信贷与农业保险相结合的银保互动机制
2010	积极扩大农业保险保费补贴的品种和区域覆盖范围，加大中央财政对中西部地区保费补贴力度。鼓励各地对特色农业、农房等保险进行保费补贴。发展农村小额保险。健全农业再保险体系，建立财政支持的巨灾风险分散机制
2012	扩大农业保险险种和覆盖面，开展设施农业保费补贴试点，扩大森林保险保费补贴试点范围，扶持发展渔业互助保险，鼓励地方开展优势农产品生产保险。健全农业再保险体系，逐步建立中央财政支持下的农业大灾风险转移分散机制
2013	健全政策性农业保险制度，完善农业保险保费补贴政策，加大对中西部地区、生产大县农业保险保费补贴力度，适当提高部分险种的保费补贴比例。开展农作物制种、渔业、农机、农房保险和重点国有林区森林保险保费补贴试点。推进建立财政支持的农业保险大灾风险分散机制
2014	提高中央、省级财政对主要粮食作物保险的保费补贴比例，逐步减少或取消产粮大县县级保费补贴，不断提高稻谷、小麦、玉米三大粮食品种保险的覆盖面和风险保障水平。鼓励保险机构开展特色优势农产品保险，有条件的地方提供保费补贴，中央财政通过以奖代补等方式予以支持。扩大畜产品及森林保险范围和覆盖区域。鼓励开展多种形式的互助合作保险。规范农业保险大灾风险准备金管理，加快建立财政支持的农业保险大灾风险分散机制。探索开办涉农金融领域的贷款保证保险和信用保险等业务

（续）

年份	政　策
2015	加大中央、省级财政对主要粮食作物保险的保费补贴力度。将主要粮食作物制种保险纳入中央财政保费补贴目录。中央财政补贴险种的保险金额应覆盖直接物化成本。加快研究出台对地方特色优势农产品保险的中央财政以奖代补政策。扩大森林保险范围
2016	把农业保险作为支持农业的重要手段，扩大农业保险覆盖面，增加保险品种，提高风险保障水平。积极开发适应新型农业经营主体需求的保险品种。探索开展重要农产品目标价格保险，以及收入保险、天气指数保险试点。支持地方发展特色优势农产品保险、渔业保险、设施农业保险。完善森林保险制度。探索建立农业补贴、涉农信贷、农产品期货和农业保险联动机制。积极探索农业保险保单质押贷款和农户信用保证保险。稳步扩大"保险＋期货"试点。鼓励和支持保险资金开展支农融资业务创新试点。进一步完善农业保险大灾风险分散机制
2017	持续推进农业保险扩面、增品、提标，开发满足新型农业经营主体需求的保险产品，采取以奖代补方式支持地方开展特色农产品保险。鼓励地方多渠道筹集资金，支持扩大农产品价格指数保险试点。探索建立农产品收入保险制度。支持符合条件的涉农企业上市融资、发行债券、兼并重组。在健全风险阻断机制前提下，完善财政与金融支农协作模式。鼓励金融机构发行"三农"专项金融债券。扩大银行与保险公司合作，发展保证保险贷款产品。深入推进农产品期货、期权市场建设，积极引导涉农企业利用期货、期权管理市场风险，稳步扩大"保险＋期货"试点
2018	探索开展稻谷、小麦、玉米三大粮食作物完全成本保险和收入保险试点，加快建立多层次农业保险体系。深入推进农产品期货期权市场建设，稳步扩大"保险＋期货"试点，探索"订单农业＋保险＋期货（权）"试点

2004 年，中央提出"加快建立政策性农业保险制度，选择部分产品和部分地区率先试点，有条件的地方可对参加种养业保险的农户给予一定的保费补贴"，但是并没有明确哪级财政来提供补贴的问题。2007 年，明确了给予补贴的责任只能由政府来担当，并且主要由各级财政部门给予保费补贴，由此

拉开了中央财政和地方财政联合补贴农业保险的序幕。2008年，在先前的基础上创新性地提出了建立健全农业再保险体系。2009年，提出加快建立农业再保险体系并建立财政支持的巨灾风险分散机制。2010年，在财政补贴农业保险经验和成效的基础上，中央提出"扩大保费补贴的品种和区域覆盖范围"和"鼓励各地对特色农业、农房等保险进行保费补贴"。2012年，中央1号文件提出开展设施农业保险保费补贴试点。2013年，考虑到中西部地区和一些农业大省的财政补贴压力，中央提出"加大财政对中西部地区保费补贴力度"，"加大中央财政对生产大县农业保险保费补贴力度，适当提高部分险种的保费补贴比例"的意见。2014年，中央逐步减少或取消产粮大县的保费补贴，提高中央和省级政府的保费补贴力度，鼓励地方对特色农产品进行补贴，中央财政通过以奖代补的方式予以奖励。2015年，加大中央、省级财政对主要粮食作物保险的保费补贴力度，将主要粮食作物制种保险纳入中央财政保费补贴目录，加快研究出台对地方特色优势农产品保险的中央财政以奖代补政策。2016年，继续提高对主粮作物保险补贴的力度，加快研究对地方特色优势农产品保险实施以奖代补政策，在2015年政策的基础上进行深化。为总结10年来农业保险保费补贴工作经验，解决发展中存在的问题，进一步做好中央财政农业保险保费补贴工作，提高财政补贴资金使用效益，财政部适时印发了《中央财政农业保险保险费补贴管理办法（财金〔2016〕123号）》。

（二）保费补贴现状

财政的保费补贴也是世界各国支持农业保险的普遍做法。从世界范围看，政府对农业保险的补贴主要有三种：对农民的

48

保费补贴、对保险公司的经营管理费补贴、对农业保险再保险的补贴（或农业保险大灾风险补贴）。目前，我国对农业保险的补贴主要是采取了第一种方式，即保费补贴。

在我国，农业保险保费补贴一般实行"三级补贴制"，即农业保险保费补贴由中央、省级和县级三级财政共同承担，具体比例则根据农业保险险种的不同而不同。保费补贴的原则是"中央保基本、保成本，地方保特色、保收入"，中央财政对那些关系国计民生和粮食安全的农产品保险提供主要保费补贴，剩余的部分由省、市、县财政进行补贴，除此之外的农产品，则由省级及以下财政提供保费补贴，中央对各地一些特色农产品保险的保费补贴采取以奖代补的方式进行支持。目前，对于大多数农业保险产品来说，农民只需要支付保费的20%左右，剩下的80%则由财政进行补贴。2007—2015年，中央财政共拨付保费补贴资金780多亿元，年均增长27%，累计为14亿户次农户提供风险保障超过7万亿元。

目前，中央财政提供农业保险保费补贴的品种有玉米、水稻、小麦、棉花、马铃薯、油料作物、糖料作物、能繁母猪、奶牛、育肥猪、天然橡胶、森林、青稞、藏系羊、牦牛等共计15个。对于在中央财政补贴目录中的农产品来说，中央财政根据东部、中部和西部省份提供不同比例的保费补贴，一般在40%左右。对于不同的保险标的来说，补贴的比例也有所不同。

中央财政农业保险保费补贴范围覆盖全国，如果农产品不在中央政府补贴范围之内，则地方可自主开展相关险种。例如，有些地方财政对水果、蔬菜、鸡、鸭、鱼虾等的保险提供保费补贴，还有一些地方政府和部委对一些涉农产品包括渔船、农机、农房保险提供保费补贴，目前获得地方财政保费补贴的保险品种如表 4-3 所示。

表 4-3 获得地方财政保费补贴的农业保险品种

分类	补贴品种
种植业保险	大棚蔬菜及大棚、香蕉、苹果、梨、西瓜、葡萄、柑橘
养殖业保险	鸡、鸭、鹅、淡水鱼、虾、蟹、海水（网箱）养鱼、海参
涉农保险	农房、渔船、农业机械、渔民（人身意外伤害）

从 2014 年起，中央指出，要逐步降低直至取消产粮大县农业保险保费配套补贴的负担，决定在上述补贴政策基础上，对产粮大县三大粮食作物（小麦、稻谷和玉米）保险进一步加大支持力度。在《中央财政农业保险保险费补贴管理办法（财金〔2016〕123 号)》中，财政部规定，中央鼓励各地降低产粮大县农业保险保费补贴比例，对省级财政给予产粮大县三大粮食作物农业保险保险费补贴比例高于 25% 的部分，中央财政承担高出部分的 50%。其中，对农户负担保险费比例低于 20% 的部分，需先从省级财政补贴比例高于 25% 的部分中扣除，剩余部分中央财政承担 50%。在此基础上，如省级财政进一步提高保险费补贴比例，并相应降低产粮大县的县级财政保险费负担，中央财政还将承担产粮大县县级补贴降低部分的 50%。当县级财政补贴比例降至 0 时，中央财政对中西部地区三大粮食作物的保费补贴比例，低于42.5%（含）的，按 42.5% 确定；在 42.5%~45%（含）之间的，按上限 45% 确定；在 45%~47.5%（含）之间的，按上限 47.5% 确定。对中央单位符合产粮大县条件的下属单位，中央财政对三大粮食作物农业保险保险费补贴比例由65% 提高至 72.5%。

四、农业保险的主要险种划分

(一) 按照业务性质划分

按照业务性质，农业保险分为商业性农业保险和政策性农业保险。

1. 商业性农业保险

商业性农业保险是指由保险机构以盈利为目的，完全按照商业化的运作方式来经营的农业保险。商业性农业保险完全由商业保险公司自主运营，公司效益为先，需要投保农户自缴全额保费，保险公司承担完全赔偿责任，如个别地方开展的农作物火灾或雹灾保险，以及 2015 年北京维嘉集团向人保购买的鸡蛋期货价格保险就是这种类型的商业性农业保险产品。

2. 政策性农业保险

政策性农业保险是在国家指导下，由财政对农民保费实行补贴，相关部门共同参与推进的一种保险制度。政策性农业保险制度最早是在 2002 年 12 月提出的，当时新修订的《中华人民共和国农业法》中，首次提到"国家逐步建立和完善政策性农业保险制度"。政策性农业保险在 2013 年 3 月 1 日正式实施的《农业保险条例》中再次得到确认，条例中明确提出"国家支持发展多种形式的农业保险，健全政策性农业保险制度"。与商业性农业保险不同的是，政策性农业保险以贯彻落实政府政策为首要目标，有明确的公共利益取向，致力于保障农民的权益。

表4-4 商业性农业保险和政策性农业保险的区别

项目	商业性农业保险	政策性农业保险
经营目的	根据市场或商业目标，以盈利为目的	根据政策目标或服从特定的政策规划，不以盈利为目的
经营主体	商业保险公司经营	政府直接组织经营，或由政府成立的专门机构经营，或在政策支持下，由保险机构（保险公司、保险合作社）经营
保费交纳	由农民自己交纳全额保费	由财政补贴一部分保费，农民自己承担部分保费
盈利能力	保险责任较小，损失概率较小，正常情况下盈利能力较强	保险责任较广泛且损失概率较大，赔付率较高，难以盈利
社会福利	社会福利作用不明显	可以增进社会福利，保障农民利益
强制程度	自愿投保，不具有任何强制性	通过有关法律法规，将农业保险与其他优惠政策相联系

(二) 按照承保对象划分

按照承保对象划分，农业保险可分为种植业保险、畜牧业保险、森林保险和渔业保险四种。

1. 种植业保险

也称为农作物保险，是以稻、麦、玉米等粮食作物和棉花、烟叶等经济作物为对象，以各种作物在生长期间因自然灾害或意外事故而遭受损失为承保责任的保险。农作物生长期间，很容易受气象的影响，其产量多少取决于土壤环境和自然条件、作物对自然灾害的抗御能力、生产者的培育管理等。为了减少自然灾害和意外事故对农作物造成的减产，开展农作物保险是保障农民收益的一种手段。目前，我国开办的生长期农作物保险有：小麦种植保险、水稻种植保险、玉米种植保险、大豆种植保险、油菜种植保险、马铃薯种植保险、棉花种植保险、烟叶种植保险、甘蔗种植保险等。

2. 森林保险

（1）公益林保险。公益林保险是以天然林场和人工林场为承保对象，以林木生长期间因自然灾害和意外事故、病虫害造成的损失为承保责任的保险。林木在生长期遇到的灾害有火灾、虫灾、风灾、雪灾、洪水等，其中火灾是主要灾害。

（2）经济林保险。经济林保险承保的对象是生长中的各种经济林种，包括这些林木提供的具有经济价值的果实、根叶、汁水、树皮等产品以及可供观赏、美化环境的商品性名贵树木、树苗等，保险公司对这些树苗、林种及其产品由于自然灾害或病虫害所造成的损失进行补偿。目前有柑橘、苹果、山楂、板栗、橡胶树、茶树、核桃、枣树等保险。

3. 畜牧业保险

畜牧业保险主要是以奶牛、肉牛、马、猪、羊、鸡、鸭等为承保对象，因疾病或自然灾害和意外事故造成的死亡、伤残以及因流行病而强制扑杀、掩埋所造成的经济损失。

4. 渔业保险

渔业保险包括渔船保险、渔民人身保险和水产养殖保险。渔船保险承保渔船包括船壳及其附属设备因自然灾害或意外事故造成的全损或部分损失及由此产生的共同海损和救助费用等。渔民人身保险承保船员在船上作业因遭受意外事故而造成的事故。水产养殖保险以商品性的人工养鱼、养虾等水产养殖产品为承保对象，承保在养殖过程中因疫病和自然灾害造成的水产品收获损失或养殖成本损失。

5. 农机保险

农机保险是由保险人（包括各种保险组织）为农机拥有者、使用人员在农机田间作业、道路运输、农业生产、农产品加工等生产经营过程中，遭受自然灾害或者意外事故所造成的损失提供经济补偿的保险保障制度，在减少农户风险损失和保障安全生产方面发挥了重要作用。

（三）按照保障目标划分

根据农业保险保障目标或保险责任的不同，我国农业保险又可以分为成本保险、产量保险、价格保险和收入保险。

1. 成本保险

2007 年，为了尽快推动农业保险事业的发展、让更多农民享受到农业保险政策，党中央国务院确定了"低保障、广覆盖"的农业保险发展原则，即以农业生产过程中所消耗的直接物化成本为依据确定农业保险保额。目前，我国实施的农业保险产品大都属于这种类型，它的承保责任是在农业生产经营过程中，对有生命的动植物因遭受自然灾害或意外事故而造成的经济损失给予补偿的一种保险。

2. 产量保险

和成本保险一样，产量保险也是以有生命的动植物体在生产过程中因遭受洪涝、冰雹等不利气候、自然灾害或意外事故而造成的经济损失为保险责任。与成本保险不同的是，产量保险的保障能力更高，产量保险的保障金额不是以直接物化成本，而是以该作物的产量为依据进行确定的。

3. 价格保险

价格保险是近年来我国出现的一种较为新颖的农业保险产品，它是对农业生产经营者因市场价格大幅波动、农产品价格低于目标价格或价格指数造成的损失给予经济赔偿的一种制度安排。价格保险是一种指数保险，它是以农产品价格指数，而不是每个生产者实际出售价格为赔付计算依据的农业保险产品。2010年上海推出的淡季绿叶菜成本价格保险，2013年北京推出的生猪价格指数保险都属于这种保险。

4. 收入保险

收入保险是在产量保险和价格保险基础之上的升级和加强版，它是为农业生产的收入损失提供风险保障的一种保险产品，即不管是由于气象条件不利、自然灾害的发生，还是市场价格的下跌，只要是非人为因素造成的农业损失，保险公司都根据保险条款对实际收入和预期收入之间的差额进行赔偿。

（四）按照产品推出先后顺序划分

1. 传统型农业保险

传统农业保险出现的时间较早，目前已经基本成熟，并且在我国大范围应用于实践。中央财政提供15个农业保险保费补贴的品种，属于传统意义上的农业保险，以产量保险和成本保险为主，以自然灾害风险为保险责任，保险金额低、理赔难度大。目前，我国农业保险绝大部分保险产品都是传统型保险，保障责任是由于自然灾害风险导致的单位产量损失。

2. 创新型农业保险

（1）农产品价格指数保险。农产品价格指数保险是一种较为新颖的农业保险产品，是对农业生产经营者因市场价格大幅波动、农产品价格低于目标价格或价格指数造成的损失给予经济赔偿的一种制度安排。农产品价格指数保险仅在上海蔬菜、北京生猪、四川生猪和吉林大豆等部分地区部分品种上进行试点和试验，尚未大面积推广。

（2）天气指数保险。天气指数农业保险是在一个指定的区域，根据气象指数对因灾造成的损失进行赔付的产品。以一种事先规定的气象事件发生为基础，如果当年的气候条件好于这一基础条件，则保险公司无需对保险购买者赔付；如果当年的气候条件劣于这一基础条件，则保险公司需要对保险购买者赔付一定金额。目前在天气指数方面，种植险产品居多，包括水稻天气指数保险、棉花低温指数保险、柑橘冻害指数保险等；养殖险产品则集中在水产养殖业，包括海参天气指数保险、大闸蟹气温指数保险等。

第五章
农业保险经营的一般要求

自 2004 年中央 1 号文件提出"加快建立政策性农业保险制度",特别是 2007 年中央实施保费补贴政策以来,我国农业保险快速发展并逐步上升为中央强农惠农政策的重要组成部分。为规范和促进农业保险发展,2012 年 10 月国务院颁布了《农业保险条例》并于 2013 年 3 月 1 日起正式实施,填补了农业保险领域的法律空白,也标志着农业保险进入了依法发展的新阶段。2016 年,国务院根据《关于修改部分行政法规的决定》(国务院令第 666 号),对《农业保险条例》进行了修订。

一、《农业保险条例》的总体要求

《农业保险条例》(以下简称《条例》)对农业保险经营的总体要求可以简要概括为依法经营、条件准入两部分。

(一) 依法经营

《条例》规定,保险公司以及依法设立的农业互助保险等保险组织都具有参与经营农业保险的权利。这一规定明确了保险公司和农业互助保险等保险组织在农业保险中的经营主体地位,为其开展农业保险经营活动提供了法律依据。《条例》同时明确，除保险机构外，任何单位和个人不得经营农业保险业务。

（二）条件准入

《条例》对保险机构经营农业保险设置了准入门槛。《条例》规定，保险机构经营农业保险业务，应当符合下列条件：①有完善的基层服务网络；②有专门的农业保险经营部门并配备相应的专业人员；③有完善的农业保险内控制度；④有稳健的农业再保险和大灾风险安排以及风险应对预案；⑤偿付能力符合国务院保险监督管理机构的规定；⑥国务院保险监督管理机构规定的其他条件。

二、农业保险合同的签订

农业保险不同于一般的财产保险，在保险合同当事人的权利义务以及投保理赔等方面都有显著的差异。针对农业保险的特殊性，《条例》对农业保险合同作出了有别于一般保险合同的规定。

（一）投保主体的多样化

《条例》第十条规定："农业保险可以由农民、农业生产经营组织自行投保，也可以由农业生产经营组织、村民委员会等单位组织农民投保。"可见，农业保险的投保主体除了农民、农业生产经营组织自行投保外，还包括农业生产经营组织、村民委员会组织农民投保，这样的立法规定在其他保险中是没有的。

为确保农民的权益不受到损害，《条例》对农业生产经营组织、村民委员会组织农民投保的，要求进行信息公开。《条例》还规定："由农业生产经营组织、村民委员会等单位组织农民投保的，保险机构应当在订立农业保险合同时，制定投保清单，详细列明被保险人的投保信息，并由被保险人签字确认。保险机构应当将承保情况予以公示。"

2015年，中国保监会印发了《农业保险承保理赔管理暂行办法》（保监发〔2015〕31号），对种植业保险和养殖业保险业务承保理赔管理进行规范。《农业保险承保理赔管理暂行办法》第七条规定：保险公司和组织投保的单位应确保农户的知情权和自主权。农业生产经营组织或村民委员会组织农户投保的，应制作分户投保清单，详细列明被保险人及保险标的信息。投保清单在农业生产经营组织或者村民委员会核对并盖章确认后，保险公司应以适当方式在村级或农业生产经营组织公共区域进行不少于3天的公示。如农户提出异议，应在调查确认后据实调整。确认无误后，应将投保分户清单录入业务系统。

（二）保险合同的稳定性

由于农作物的生长周期具有季节性，灾害的发生也具有季节性、集中性，使得投保人、保险人可能利用合同解除权进行逆向选择。为了避免此类道德风险，《条例》第十一条规定："在农业保险合同有效期内，合同当事人不得因保险标的的危险程度发生变化增加保险费或者解除农业保险合同。"

（三）条款费率的公允性

为合理确定保险费率和保险条款，《条例》第十九条规定：保险机构应当在充分听取省级人民政府财政、农业、林业部门和农民代表意见的基础上，公平、合理地拟定农业保险条款和保险费率，并依法报保险监督管理机构审批或者备案。

三、农业保险的理赔

针对农业保险业务的特点，从侧重于保护投保农户利益的角度出发，《条例》对农业保险的理赔做出了特殊规定。

（一）定损方法

为保证查勘定损的准确性，《条例》第十二条规定：保险机构接到发生保险事故的通知后，应当及时进行现场查勘，会同被保险人核定保险标的的受损情况。保险机构按照农业保险合同约定，可以采取抽样方式或者其他方式核定保险标的的损失程度。采用抽样方式核定损失程度的，应当符合有关部门规定的抽样技术规范。针对受损标的的残余价值，《条例》还规定：法律、行政法规对受损的农业保险标的的处理有规定的，理赔时应当取得受损保险标的已依法处理的证据或者证明材料。保险机构不得主张对受损的保险标的残余价值的权利，农业保险合同另有约定的除外。

除此之外，《农业保险承保理赔管理暂行办法》还对保险机构查勘定损进行了细化。《农业保险承保理赔管理暂行办法》第十五条规定：保险公司应在接到报案后24小时内进行现场查勘，因不可抗力或重大灾害等原因难以及时到达的，应及时与报案人联系并说明原因。第十八条规定：保险公司应及时核定损失。种植业保险发生保险事故造成绝收的，应在接到报案后20日内完成损失核定；发生保险事故造成部分损失的，应在农作物收获后20日内完成损失核定。养殖业保险应在接到报案后 3 日内完成损失核定。发生重大灾害、大范围疫情以及其他特殊情形除外。

（二）赔款支付

为保障受灾农户及时足额得到保险赔偿，《条例》规定，保险机构应当在与被保险人达成赔偿协议后 10 日内，将应赔偿的保险金支付给被保险人，且保险机构应当按照合同约定，根据保险标的损失程度足额支付应赔偿的保险金。同时，《条例》还明确：任何单位和个人不得非法干预保险机构履行赔偿保险金的义务，不得限制被保险人取得保险金的权利。

四、农业保险与基层农业部门的关系

农业保险的实践证明，仅仅依靠保险机构现有的机构体系，难以为地域分散、数量众多的投保人提供有效的承保、定损和理赔服务，保险机构的许多农业保险业务都需要在农村基层机构的协助下才能完成。

为此，《条例》规定：保险机构可以委托基层农业技术推广等机构协助办理农业保险业务。保险机构应当与被委托协助办理农业保险业务的机构签订书面合同，明确双方权利义务，约定费用支付，并对协助办理农业保险业务的机构进行业务指导。

第六章
种植业及其保险

　　种植业在农业中占有重要的地位，南方以水田为主，北方以旱田为主。由于种植业高度依赖自然条件，因此，也是一个高风险的产业。这种高风险性导致了农民种植的收入极度不稳定，从而影响农民生产的积极性，影响国家粮食供给和粮食安全。近几年全球气候变化剧烈，严重威胁农民的种植活动，影响到农民增收。提高农民在风险环境下从事种植生产的能力和积极性显得尤为重要。近几年来，中央连续出台 1 号文件和一系列重大强农惠农政策，近两年国家更是出台多项政策扶持种植业的生产和发展，我国经过全面推进种植业结构的优化调整和实施农产品区域布局规划，使得种植业生产发展协调性得到增强，主要农产品供给总量基本平衡，农产品质量得以提升。

　　种植业不仅为人民生活提供必不可少的食物与生活资料，还为轻纺工业、食品工业提供原料，为畜牧业和渔业提供饲料等。种植业占整个农业的比重较大，其产值大约占农业总产值的 50％以上，种植业的稳定发展，尤其是粮食作物的生产发展对畜牧业、工业的发展和人民生活水平的提高具有重大意义。

　　近几年我国自然灾害和生物灾害发生较为频繁，对种植业产生的影响呈加重趋势。每年因干旱、洪涝、台风、低温冻害

62

等气象灾害造成粮食损失、因农作物病虫草害发生造成的产量损失、因生物灾害造成粮食损失达到几千万吨。

一、种植业及其特点

(一) 农业生产区域性强

我国幅员辽阔,不同的农作物生产地区存在着显著差异。各地在农业结构调整中发挥比较优势,优化农业区域布局,开展专业化分工,主要农产品进一步向优势产区集中,使得农业生产在更大程度上依赖于当地的自然条件,特别是地理和气候条件。

1. 北方地区

有利条件:①夏季气温高,降水多,高温期与多雨期一致,水热配合较好。东北地区冬季积雪厚,夏季日照长;黄河中下游地区秋季晴天多,华北平原地下水丰富。②平原广阔,土层深厚。东北地区,黑土肥沃,人均耕地多,宜农荒地多。③黄河中下游地区农业生产历史悠久。不利条件:①东北地区生长期短,热量不足,受寒潮影响大;西部风沙威胁大。②黄河中下游地区春旱、夏涝突出;水土流失和土壤盐碱化严重。

2. 南方地区

有利条件:①高温期与多雨期一致,水热资源丰富、配合好(台湾、海南、滇南西双版纳是全国水热条件最好的地区)。江淮地区梅雨适时适量,有利于水稻生长。②长江中下游平原、珠江三角洲地势低平、土壤肥沃,河汊纵横,既便于灌溉,也利于发展淡水养殖;四川盆地紫色土肥沃。③长江流域农业生产历史悠久,生产水平高。不利条件:①江淮地区伏旱

63

期，气温高，降水减少，蒸发旺盛，易对水稻生产产生影响。南部沿海地区夏秋季台风影响很大。②长江以南地区为红壤分布区，土壤酸性强，土质黏重。③云贵地区喀斯特地貌发育，地表崎岖，土层薄，地表水缺乏。

3. 西北地区

有利条件：①夏季气温高，雨量少，光照强，昼夜温差大。②牧场广大，宜农荒地多。③新疆、河西走廊有冰川融水灌溉，宁夏平原、河套平原有黄河水灌溉。不利条件：①冬长夏短，寒潮影响大，春季沙尘暴频发。②降水少，蒸发量大，灌溉水源不足。③地表植被差，沙漠化严重，河套平原、宁夏平原盐碱化严重。

4. 青藏地区

有利条件：①太阳辐射强，日照时间长，昼夜温差大，河谷地带（黄河、湟水、雅鲁藏布江）积温较高，有水灌溉。②草场广阔，柴达木盆地宜农荒地多。不利条件：海拔高，气温低，无霜期短。

（二）小规模经营组织化水平较低

我国种植业生产多为小规模经营，农户风险管理能力较弱。部分农民通过多样化生产经营来增加非农收入，以降低农业生产的各种风险。但这些风险分散方式的缺陷在于，多样化经营是事前管理，只能降低风险发生的概率，但无法对灾后损失给予补偿。另外多样化生产不能实现规模经济，同时受限于水土、气候等自然因素。而增加非农收入是事后管理，能在一定程度上弥补风险发生的损失结果。

（三）自然资源紧缺

我国虽国土总面积大，但人口基数庞大且持续增加，再加上水资源紧缺，我国人均耕地、淡水、森林等占有量均不到世界平均水平的三分之一，且工业化、城镇化进程的加快使人均占地面积少的趋势短期内难以逆转，资源紧缺的矛盾日益突出。我国现有耕地中，中低产田比例较高，存在肥效下降、养分失衡、沙化、盐碱化和耕地污染等问题。我国淡水资源严重匮乏，常年夏季降水量占全年的70％以上，全国81％淡水资源集中分布在仅占全国耕地19％的土地上，每年水旱灾害面积约占耕地面积的三分之一。北方地区淡水资源短缺的问题则更加严峻，占全国耕地42％的黄、淮、辽河流域淡水占有量只有全国的9％。水资源利用效率较低，只有发达国家的50％。耕地和淡水资源紧缺的矛盾是制约我国种植业发展的重要因素。

二、种植业的主要风险

为保障粮食供给，保障农民的收入水平，需要识别风险，并帮助农户规避和分散风险。我国种植业面临的主要风险大致分为以下几类：

（一）自然风险

种植业生产过程受到自然环境的影响巨大，重大自然灾害不仅影响粮食综合生产能力，还会威胁到粮食安全。这些自然风险大致分为几类：旱灾、水灾、风雹灾害、霜冻灾害、病虫害和火灾等。

旱灾通常引致作物生长缓慢、干枯死亡等，旱灾比较典型的是北方的春旱和长江流域、江南、江淮之间的伏旱。水灾多发于长江中下游及华南地区等，雨水量大以及过度集中易伤害农作物根系，使作物产量增速减缓甚至出现负增长。风雹灾害对夏秋作物和果树伤害较大。风灾主要发生于东南沿海及华北、西北等地，易使作物倒伏、林木断枝，严重的风灾还可能对农用设施造成破坏。霜冻灾害对长江以南地区农作物危害最大，对冬小麦、棉花等造成的伤害尤其大。病虫害种类多，其发生的概率和种类与气候因素相关，同时也影响农作物的抗病能力。火灾主要指收获期火灾，除去烧毁农作物外，也会严重破坏生态环境。

（二）价格风险

种植业成本包括种子、化肥、农药等物质投入和人工劳动等，农产品的收购价格决定了这些成本的投入能否收回。由于消费者偏好、相关政策改变等均可能带来市场价格的波动，这些波动带来的不确定性为生产成本收回带来风险。

（三）新技术风险

技术变革带来农业生产量和生产效率的大幅提升，也为传统耕作模式下的农户带来了应用新技术的风险。对于新事物的接受程度决定于农户是否种植新品种、是否选择新型化肥、是否使用新型种植技术和农具等，而农民往往对这些新事物持有怀疑的态度，不确定新技术是否能提高生产量和生产效率，不确定新品种的生产特性和新品种是否能顺利销售，这些对于农民来说都是新技术风险。

三、种植业保险的实践

农业保险制度不仅是农业保障体系中重要组成部分，而且已成为国际上最重要的非价格农业保护工具之一。在农业保险中，种植业保险占据着非常重要的地位，是农业保险中最重要的保险业务之一。在世界范围内，发达国家的种植业保险都是财政所支持的险种。发达国家多运用种植业保险以实现国民福利增长。我国作为发展中国家，目前开展种植业保险的目的还局限于分散农业风险、提高农民种田积极性以及实现粮食供给安全保障等方面。

种植业保险的保险对象是各种农作物、果树等，种类包含粮食作物保险、经济作物保险、园艺作物保险等。这里介绍主要大田作物的种植保险实践情况和成效。

（一）水稻保险

我国是世界上种植水稻最古老的国家。我国可划分为 6 个稻作区，分别为华南双季稻稻作区、华中双季稻稻作区、西南高原单季稻稻作区、华北单季稻稻作区、东北早熟单季稻稻作区及西北干燥区。

水稻政策性保险自实施以来逐渐受到农民的欢迎，湖南、江苏等省份的参保面积已经达到种植面积的 70％以上，广东等也达到 50％以上，部分省市的参保率达到 100％。目前水稻保险的责任主要包括暴雨、洪水、内涝、风灾、雹灾和冻灾等。政策性水稻保险在推行过程中存在一些问题：首先，保险费率低、农民支付的保费低、保障程度低。保险费率过低而风险过高，同时农民承担保费少，使得保险公司开展水稻保险的积极性不高。第二，保险公司处于信息劣势，农户道德风险较为普遍，由此引发的逆向选择使保险公司过于被动。第三，农民对政策性保险的认知程度不够高使得一些地区的参保率低。这些都阻碍了水稻保险的发展。

（二）玉米保险

玉米是我国非常重要的农作物之一，玉米在生产生活中用作饲料、食物以及工业原料等，具有很高的价值。玉米对环境适应能力强，在我国种植规模大、产量高，种植的区域也十分广泛。我国是世界第二大玉米生产国，玉米生产区域带跨越寒温带、暖温带、亚热带和热带生态区。播种面积占我国粮食作物总播种面积的三分之一，玉米产量超过粮食总产量的三分之一以上。

目前，我国玉米政策性保险所保风险包含洪水、内涝、冻灾、旱灾、病虫鼠害等，当玉米遭受损失达到一定水平，由相应承保玉米保险的公司进行赔付。

（三）小麦保险

小麦是我国居民最主要的口粮之一，我国小麦主产区为河北、山西、河南、山东、安徽、湖北、江苏、四川、陕西等，其中河南是我国小麦生产第一大省，小麦产量约占全国的四分之一。按照种植季节划分，小麦三大产区分别是北方冬小麦区（河南、河北、山东、陕西、山西等）、南方冬小麦区（江苏、四川、安徽、湖北等）及春小麦区（黑龙江、内蒙古、甘肃、新疆等）。

小麦生产过程中主要存在产量风险、市场价格波动风险。目前我国小麦保险责任基本包含火灾、雹灾、风灾、冻灾、涝灾、旱灾和重大流行性病虫害等。

四、投保种植业保险的注意事项

（一）明确保险的标的

农户、农民专业合作组织、集体经济组织或农业企业均可作为投保人。在保险合同订立时，上述种植者或者组织统称为被保险人。投保人必须将被保险人所有种植投保作物的地块全部投保，不得选择性投保。保险标的须符合下列条件：①种植地块应整地连片种植，且能够清晰确定地块界限或标明具体位置；②种植地块应位于当地洪水警戒水位线以上的蓄洪区、非行洪区、非泄洪区；③种植符合当地普遍采用的技术管理和规范标准要求，且生长和管理正常；④品种是经过当地推广成熟的优势高产品种。

（二）了解保险责任及责任免除

在保险期限内，保险人按照保险合同的约定，对由于下列原因直接造成的作物经济损失负赔偿责任：①冰雹、0℃（不含）以下持续冻灾、六级（含）以上风；②暴雨形成的洪涝；③泥石流、山体滑坡；④爆发性、流行性病虫害；⑤火灾。

在保险期限内，由于下列原因之一造成中药材遭受损失的，保险人不负赔偿责任：①投保人及其家庭成员、被保险人及其家庭成员、投保人或被保险人雇佣人员的故意行为、管理不善；②行政行为或司法行为；③战争、敌对行动、军事行动、武装冲突、罢工、骚乱、暴动、恐怖主义活动；④水污染、大气污染、核反应、核辐射和放射性污染；⑤地震及其次生灾害；⑥被盗、他人故意破坏行为；⑦其他不属于保险合同责任范围内的损失、费用，保险人也不负责赔偿。

（三）履行投保人和保险人的标的

被保险人通过虚构投保关系或者伪造、变造、提供虚假证明获取参保资格的，保险人有权解除合同。投保人故意或者因重大过失未履行如实告知义务，足以影响保险人决定是否同意承保或者提高保险费率的，保险人有权解除合同。投保人故意不履行如实告知义务的，保险人对于合同解除前发生的保险事故，不承担赔偿责任，并不退还保险费。投保人因重大过失未履行如实告知义务，对保险事故的发生有严重影响的，保险人对于合同解除前发生的保险事故，不承担赔偿责任，但应当退还保险费。

保险标的发生保险责任范围内的损失后，被保险人应在24小时内报案，同时积极采取施救措施，防止损失进一步扩大。因被保险人故意或重大过失未及时通知保险人，致使保险事故的性质、原因、损失程度等难以确定的，保险人对无法确定的部分，不承担赔偿责任。

（四）清楚赔偿处理流程

在发生损失后难以立即确定损失程度的情况下，可实行多次查勘一次定损。遭受冻灾一个月后进行二次查勘定损，并经农林技术部门共同确定最终损失。保险标的发生保险责任范围内的事故后，如果有残余价值，应由保险双方协商确定其金额，并在核定实际损失时作相应扣除。如果发生一次或一次以上赔款时，保险单的有效保险金额（有效保险金额＝保险金额－已付赔款）逐次递减，逐次累计赔款金额以保险单列明的保险金额为上限。

第七章
畜牧业及其保险

畜牧业是农业的重要组成部分，畜牧业的健康稳定发展关系国家粮食安全和社会的稳定。畜牧业的发展面临很多的风险，畜牧业保险能为畜牧业的发展保驾护航。

一、近年来我国畜牧业的成就和贡献

（一）畜牧业产值提高，牧民收入增加

2014年我国畜牧业总产值已超过2.9万亿元，人均肉类占有量达64千克，直接从事畜禽养殖的收入占家庭农业经营现金收入的1/6，畜牧业国家级产业化龙头企业达583家，占比达47%。牧民收入增长水平也明显加快。据统计，全国268个牧区半牧区县2014年牧民人均纯收入达到6 287.7元，比2010年增加1 793.3元，增幅达39.9%。

（二）草原资源保护建设，草原生态加速恢复

草原是我国面积最大的陆地生态系统和主要生态屏障。21世纪初，我国实施了退牧还草工程、游牧民定居工程、草原生态保护补助奖励政策等一系列政策措施，使得草原面貌得到改善。全国草原鲜草年产量稳定在近10亿吨的水平，重点天然草原牲畜超载率连续4年下降。同时还通过加大草原生态奖励政策、

現代农业保险政策与实务

完善法律草案，提高牧草质量，进而提高畜产品的质量。

监测显示，全国重点天然草原牲畜超载率从 2010 年的 30% 下降到 2014 年的 15.2%。2014 年全国草原综合植被覆盖度达到 53.6%，比 2010 年提高了 2.6 个百分点。

（三）现代畜牧业转型发展

标准化、规模化养殖规模不断扩大，2010 年以来，农业部启动实施畜禽养殖标准化示范创建活动，规模养殖已成为保障畜产品市场有效供给的主要力量。2014 年，全国生猪、蛋鸡、奶牛规模养殖比重分别达到 42%、69%、45%。以奶牛养殖为例，2016 年，其规模化养殖比例超过 49%，畜牧养殖专业合作社超过 6 万个，机械化挤奶站占全国奶站总数的 81.8%。

（四）资源再利用减少污染

畜牧业的粪便如果利用得当就是一种资源，利用不当或者直接排放则是严重的污染源。2014 年起，我国开始正式实施《畜禽规模养殖污染防治条例》，此外还有新《环保法》《水污染防治行动计划》（即"水十条"）等环保政策的陆续出台，不少地区还划分了限养区和禁养区，加大了污染治理监管和处罚力度。规模化养殖在环保方面的投入也从原来的 20%~30% 提高到现在的 50% 以上。做好规模化养殖场粪污无害化处理，能提高资源的再利用，实现可持续发展。

二、畜牧业的主要风险

（一）自然风险

畜牧生产过程对自然环境的依赖性比较大。虽然科技发展较快，生产水平不断提高，人工控制能力增加，但是依旧无法摆脱自然环境的影响，比如，自然生活条件、饲料的环境（草原的环境影响饲料草的质量）、饲养所需水资源的状况等。2008年南方地区发生严重的冰冻雨雪灾害导致畜牧业损失严重，据统计，全国因灾死亡畜禽共计7 455.2万头（只），其中生猪444.7万头、牛43.5万头、羊168.3万头、家禽6 738.5万只，损失饲草饲料301.7万吨，倒塌损坏畜禽圈舍1 951.7万平方米。同时，全国共有2 028个种畜禽场受灾，其中种猪场1 200个，种禽场665个，种羊场106个，种牛场43个，共死亡种畜禽907万头（只）。此次灾害造成畜牧业直接经济损失共计98.6亿元。2014年新疆伊犁河谷旱灾造成427.9万头牲畜不同程度受灾，旱情造成畜牧业直接经济损失3.25亿元，间接损失达21.94亿元。

（二）疫病严重

高危疫病和可能新出现的疫病是畜牧业发展面临的最大威胁。有时候即使自家的畜禽并未受到感染，外围的影响仍不可避免。据1985年世界卫生组织评价，畜禽染疫而致人发病的达90余种，其中猪病25种、禽病24种、牛羊病26种、马属动物病12种。从1986年疯牛病第一次出现在英国至今，有多种畜禽疾病在全球通过各种途径传播。2012年，H7N9型禽流感事件导致全国家禽行业损失200亿元，仅鸡苗损失每天就达两三千万元，活鸡损失每天超亿元。禽流感对国内禽肉消费和进出口都产生了重大影响，再加上活禽养殖所受到的影响，禽流感对国内畜牧业的影响巨大。主要表现在如下几个方面：一是疫区从事养殖业的农民因家禽被扑杀而遭受的直接损失；二是因家禽、禽蛋销售受阻而遭受的损失；三是相关产业如家禽加工业、饲料产业受此影响而造成的损失；四是农民或养殖企业的金融信贷所遭受的利息损失。虽然事后国家会给予一定的补贴，但与市场价值相比还远远不够。除此之外，还有猪流感、口蹄疫等都对畜牧业发展造成很大的冲击。

(三) 市场风险

畜产品的供求和价格变化在一定程度上决定着畜牧业经营的成败。畜产品缺乏供给和需求弹性，难以通过自身机制来实现供求平衡，极易造成价格波动，这就加大了畜禽产品的市场风险。一方面养殖业周期长对市场的反应显得滞后。畜产品从生产到销售的时间跨度大，如蛋鸡从雏鸡到产蛋需要150天，其中还不包括种鸡生产，奶牛从犊牛到产奶需要大约25个月，较长的养殖周期使生产者不能依据市场变化及时迅速作出反应。另一方面，畜产品大多不易贮存、运输，即使能贮存运输费用也很高、损耗也很大。

三、畜牧业保险

(一) 畜牧业保险的内容

畜牧业投入成本高、生产周期长的高风险产业，而畜牧业生产设施和防疫能力较为薄弱，受流行疫病与自然灾害影响较为严重，特别是遭受重大自然灾害或发生大面积畜禽疫情时，例如禽流感、猪流感、雪灾等，政府只能给予部分经济损失补偿，这对于养殖户而言仅仅是杯水车薪。

畜牧业保险是以保险公司市场化经营为依托，以政府保费补贴等支持手段，对投保主体因遭受自然灾害和意外事故造成的经济损失提供补偿的保险形式。畜牧业保险是市场经济发展到一定阶段的产物，是促进畜牧业经济发展，保障养殖户权益的重要风险管理措施。从 2007 年起，中央财政开始对畜牧业保险提供保费补贴，并在多地试点。作为一种促进畜牧业发展、稳定养殖户收入的手段，畜牧业保险越来越受到重视。

（二）国家支持畜牧业保险发展的主要政策

为做好中央财政农业保险保险费补贴工作，提高财政补贴资金使用效益，财政部于 2016 年底印发了《中央财政农业保险保险费补贴管理办法（财金［2016］123 号）》。该办法规定，中央财政提供畜牧业保险保费补贴的险种标的主要包括能繁母猪、奶牛、育肥猪。在地方自愿开展并符合条件的基础上，财政部按照以下规定提供保险费补贴：在省级及省级以下财政至少补贴 30％ 的基础上，中央财政对中西部地区补贴 50％、对东部地区补贴 40％；对中央单位，中央财政补贴 80％。

四、部分地区开展畜牧业保险的实践

（一）资阳市开展生猪保险实践

资阳市是重要的生猪养殖基地。全市每年出栏生猪 700 多万头，占四川省全年出栏量的 10％，占全国生猪出栏量的 1％，全市有专业合作社 1 389 户，吸收社员 3 万余户，其中南堰生猪专业合作社被评为全国示范社。针对生猪养殖管理技术低下，抵抗风险能力弱，中国人民财产保险股份有限公司资阳分公司和中华联合财产保险公司资阳中心支公司为养殖户提供生猪保险，保费由政府与养殖户共同承担，比例为 7∶3。在"政策支持、以险养险"的原则指导下，每头生猪保费 10 元

（政府承担 70％、养殖户承担 30％），最高赔付 400 元（一头猪出栏 1 000 元左右），为参保养殖户提供生猪养殖保险。

（二）四川省生猪目标价格保险实践

2013 年，四川省在成都、南充两地试点育肥猪目标价格保险。2014 年，四川省农业保险领导小组将育肥猪目标价格保险纳入当年试点工作计划，在遂宁市射洪县、资阳市雁江区和南充市西充县三个县（区）开展试点，并由省级财政给予 30％保费补贴，市级财政补贴 20％，农户自缴 50％。2015 年，省农业保险领导小组下发《四川省育肥猪价格指数保险试点方案》，明确将育肥猪目标价格保险在全省范围内全面铺开，财政保费补贴比例不变。目前四川主要有两种生猪目标价格保险：一种是采用绝对价格作为赔付标准的产品，即直接采用出栏时的绝对价格作为赔付标准，农户可以直接通过官方公布的出栏肉猪价格计算赔偿金额；另一种是以"猪粮比"作为赔付标准，并在 2015 年开始试点，赔付周期划分为 1 个月、4 个月、6 个月和 1 个年度共 4 档，约定猪粮比从 5.5：1 到 6：1、保险金额从 1 375 元到 1 500 元分为 6 档，对应共计 24 个费率区间可供各市县结合实际进行选择投保。

生猪目标价格保险，在稳定生猪养殖、保障市场供应、完善价格调控机制等方面发挥了积极作用。由于生猪养殖散养户进入门槛低，市场价格处于高位时，散养户纷纷进入；当供给增加导致价格下跌时，散养户逐渐退出养殖。生猪养殖的小户散户扰乱市场秩序，是造成供给不稳定、生猪价格周期性波动的重要原因。目前，生猪目标价格保险的参保人均为大规模养殖场（户），目标价格保险的风险保障机制可以稳定规模经营水平，释放市场信号，减少散养户的投机行为，提升生猪产业的发展水平，稳定市场价格。

（三）开展奶牛保险的实践

养殖户通过购买奶牛保险降低养殖风险，保险公司承担因奶牛养殖风险带来的损失。内蒙古草场面积占全国 22%，具有发展畜牧业的先天条件。但是自然灾害多给正常的农牧生产生活造成很大影响。2007 年，财政部在确立首批政策性农业保险的试点省份时就将内蒙古纳入试点范围。在奶牛保险开设初期，中央政府承担 30% 的补贴金额，内蒙古自治区财政承担 50%，其他部分由参保农牧民自筹。虽然内蒙古近些年经济总量快速攀升，但地域之间发展不均衡，部分盟市不具备上述条件，初期开展难度大。2010 年，内蒙古自治区农业保险领导小组根据各个地区的实际经济情况，对原有的补贴模式进行了修改。中央所承担的比例不变，仍为 30%；经济较为发达、财政较为宽裕的呼和浩特、包头、鄂尔多斯市承担保费的 15%，自治区财政承担 40%；乌海市、阿拉善盟、巴彦淖尔市、锡林郭勒盟、通辽市和呼伦贝尔市市级财政承担保费的 10%，自治区财政承担 45%；赤峰市、乌兰察布市和兴安盟，市级财政仅承担 5%，自治区财政承担 50%。其余部分由参保奶农或奶农与龙头企业共同承担，如此将原先奶牛养殖户需要自我承担保费的比例减少了五个百分点，大大减轻了奶牛养殖户的负担。

五、投保畜牧业保险的注意事项

（一）严格把好投保数量、质量关

由于牲畜的投保率并未达到 100%，容易出现骗保现象，以未投保的牲畜替代已投保的以求获得赔偿，因此承保人在投保签约前要对其严格把关，进行细致的健康检查并做好记录，确保其符合投保条件，同时做好标记。在进行赔偿的时候，逐一对出险牲畜进行拍照留存图片，同时与投保档案进行对比核实，进而落实赔偿事宜。

（二）诚信投保，防范道德风险

从猪、奶牛的保险实践可以看出，畜牧业保险存在一些道德风险，即"不保不死，一保就死"的现象。由于保险公司很难确定牲畜的死亡原因是否在保险责任范围内，容易引发农民以次充好进行投保，或者在畜产品市场价格波动的情况下，杀死牲畜骗保，降低经济损失，进而引发道德风险，影响保险公司的承保积极性。因此，投保主体在投保畜牧保险时，一定要恪守诚信原则，严格履行投保义务。

（三）尝试开展市场保险品种创新

鼓励和支持保险公司积极开发畜牧业保险市场，发展多种形式、多种渠道的畜牧业保险，加快畜牧业政策性保险试点工作，探索建立适合不同地区、不同畜禽品种的政策性保险制度，可以以生猪为试验对象，探索建立生猪价格保险制度，增强畜牧业抵御市场风险、疫病风险和自然灾害的能力。

第八章
渔业及其保险

　　渔业是中国国民经济中一个重要的组成部分，中国是世界上最大的渔业生产国。中国发展渔业生产的历史悠久。在中华人民共和国成立后，我国渔业更是得到了飞速的发展，尤其是1978年改革开放以来，中国开始进入渔业发展的黄金时期。到2016年，我国水产品产量已经连续26年居世界第一，占全球水产品产量的三分之一以上。渔业对于我国农村发展和提高农民收入有着至关重要的作用，它对我国的粮食安全具有重要的影响，渔业也是我国出口创汇的一个重要渠道。此外，合理发展的渔业还对生物多样性有着重要意义。

一、渔业及其特点

　　渔业是以水体为依托，利用水生生物有机体与自身生产量的增长，获取水产品的生产行业，渔业生产是由水生生物有机体、自然环境和人类劳动三种基本因素共同作用的过程。渔业有四个主要特点：

（一）对水域环境和资源状况的高度依赖性

　　渔业分为水产养殖业和水产捕捞业两部分。水产养殖业利用湖泊、水库、浅海、滩涂、池塘、港湾等水域进行动植物养殖,获取水产品。水产捕捞业利用工具捕捞野生的动植物。风暴潮、赤潮、病害、排海污水、外来物种入侵等自然和人类活动会直接给养殖业造成影响;环境污染、气候异常和过度捕捞而导致的渔业资源衰退直接制约着捕捞业的可持续发展。因此,渔业对环境和资源状况有着高度依赖性。

(二) 水体的隐蔽性和资源的时空变动性

在自然水体中,由于水的物质组成(无机物、有机物和生物)复杂,这些物质的性质和含量又处于一系列变化中,加之水自身的理化特性,使得水的透明度相对较低,绝大多数养殖水体的透明度更低。由于养殖对象生活在水中,致使掌握其生长动态过程比较困难。养殖对象一旦得病,很难及时发现和正确诊断。逐一进行针剂注射在实际操作中不可能实现,药饵投喂和药物遍洒也很难达到理想的治疗效果。由于渔业资源是生命有机体,生活在水中的渔业资源有时会发生空间变动,资源数量受其生物学特性、生活环境等因素的制约,栖息场所随季节变动、种群所处的生活阶段不同而不断变化。因此,一些渔业资源状况很难准确掌握。

(三) 生产的季节性

温度直接影响水产养殖品种的体温,体温高低决定了养殖品种繁殖和生长发育的速度。养殖的鱼、虾、蟹、贝类等都是变温动物,其机体的新陈代谢强度受温度的影响非常大。自然温度的变化引起养殖品种生长加强和减缓的交替,导致了养殖品种具有季节性的产卵、索饵、越冬的集群特性。海域有台风和季风等因素,因而捕捞也存在着生产季节性问题。

（四）鲜活水产品的易腐性

水产品体内酶的适温性低、活性强，体表的黏液易感染细菌，机体的高含水量是细菌繁殖和生长的良好条件，且肌肉组织结构疏松，细菌很容易侵入。因此，水产品一旦死亡，肌体组织内的酶将蛋白质分解成氨基酸，并逐渐变软产生自溶，细菌在自溶作用下迅速大量繁殖，所以水产品比其他大多数动物更容易腐败。

此外，与种植业、养殖业和林业显著不同的是，渔业还具有很强的政治特性和国际特性。渔船航行作业在领海上，是对国家主权——海洋领土、海洋权益、海洋资源、海洋通道的维护；悬挂五星红旗的渔船也是国家的流动国土。在国际共用水域作业，必须遵守双边渔业协定；在公海作业，要遵守国际公约；在他国水域作业，需要遵守所在国的法律法规；在外国港口停泊，要遵守港口国管理制度（PSC）；国际渔业纠纷实际上就是渔业外交，纠纷处理不当极易酿成政治问题。

二、渔业的主要风险

渔业风险是指在渔业生产经营过程中，由于事先无法预料各种因素影响，生产经营者的实际收益与预期收益发生背离的可能性。渔业是一个高投入、高风险的产业，各种不确定因素经常给生产经营者带来重大损失。在渔业生产过程中，导致财产损失的风险因素大致可分为以下几类：

（一）自然风险

渔业生产是自然因素和人类劳动相互作用的过程，其生产绝大多数是在自然环境下完成的，生产对象是有生命的动植物体，自然环境的异常变化会对其生产产生重大影响。渔业生产中出现的温度异常（持久高温、寒潮）、风暴潮、赤潮、环境污染等都常常给渔业生产经营者带来重大影响。

（二）市场风险

市场风险是指由于市场价格变动带来的渔业收益变动的可能性。一般是指在渔业生产经营过程中，由于种苗、饲料和鱼药等渔业生产资料价格上升，渔获产品价格的下降，或者由于渔获产品和生产资料的价格不能同步增长等造成经济损失的风险。渔业生产的季节性、生产周期长的特点决定了生产决策变化相对于市场变化的滞后性，导致了渔业生产对市场变化的应急反应能力低下。由于生产者缺乏必要的信息指导和交流，只能简单地参照上一生产周期的市场需求状况和价格确定养殖品种及养殖规模，造成养殖业一哄而上和一哄而下，水产品供给出现大起大落的情况，使生产者收益受到影响。另外，水产品鲜活易腐，如果水产品不能及时销售，就会使成本大幅度增加，从而给生产者带来更大的损失。

（三）管理风险和技术风险

由于渔业生产者往往既是管理者，又是技术人员，他们一般根据养殖经验和个人判断来进行经营决策。由于个人能力有差异，管理和技术风险也就出现了。一般表现为：管理者对未来的市场判断不准，选择了不合适的养殖方式、养殖品种和养殖规模；养殖过程中分工不明、责任不清、生产混乱、技术标准和技术规程不合理；生产者技术不熟练、方法不当、操作失误；对生产过程中关键环节出现的问题未采取适时和适度的措施等。管理工作中的任何疏漏，都有可能导致生产的中断，使渔业生产者蒙受损失。此外，在生产经营过程中进行新品种培育和新技术运用都具有一定的风险，一旦失败，都会给渔业生产造成难以挽回的损失。

（四）社会风险

渔业社会风险通常包括以下几个方面：一是渔业产业相关政策变化给渔业个体生产者造成的损失；二是伪劣种苗、饲料和鱼药等生产资料造成的渔业生产损失；三是水域污染给渔业生产造成的损失；四是火灾、偷盗和战争等给渔业生产造成的损失；五是因资源衰退而形成的风险。

三、渔业互保的探索和实践

我国渔业保险自 20 世纪 80 年代开展以来，经过 30 余年的发展，逐渐发展成为互助保险和商业保险并举的市场格局。互助保险与商业保险相互促进，共同为防范渔业风险、促进渔业发展、保障渔民群众生命财产安全和维护渔区社会稳定做出了重要贡献，在确保水产品有效供给和服务现代渔业建设中发挥了积极作用。

原农业部在借鉴日本渔船保险中央会及韩国水协共济保险部在渔业行业开展互助保险经验的基础上，经民政部批准，于 1994 年 7 月 6 日主导成立了中国渔船船东互保协会（2007 年 7 月更名为中国渔业互保协会），探索开展渔业互助保险业务。随后，各地先后成立了 8 个省市协会，分别是广东省渔业互保协会、宁波市渔业互保协会、浙江省渔业互保协会、山东省渔业互保协会、江苏省渔业互助保险协会、河北省渔业互保协会、辽宁省渔业互保协会、福建省渔业互保协会。渔业互助保险立足行业。在渔业行政主管部门的领导下，省渔业互保协会秉承"互助共济、服务渔业"的宗旨，不断健全保险服务网络，逐步丰富保险服务品类，目前基本上能够满足沿海和内陆重点渔业省份渔民的保险需求。截至 2015 年底，全系统累计承保渔船 69.75 万艘（次），承保渔民突破 1 000 万人（次），提供风险保障金额 1.55 万亿元，共计为 11 307 名死亡（失踪）渔民、82 239 名受伤渔民以及 77 587 艘全损或部分损失的渔船支付经济补偿金 34.82 亿元。

（一）保险种类

目前，我国渔业互助保险提供的保险服务主要分为渔船保险、渔民保险和水产养殖保险三大类。

渔船保险主要承担因自然灾害或意外事故造成的渔船损失，具体又分为渔船全损保险和渔船综合保险。渔船全损保险的责任包括因自然灾害或意外事故（以保险合同约定为准）造成渔船全损，以及会员为避免全损事故的发生而采取施救措施所支付的必要的、合理的费用。渔船综合保险的责任除包括全损保险的责任外，还包括渔船的部分损失、因发生碰撞事故导致其他船舶的船体和证书上载明的机器、设备和仪器的损失，依法应由会员承担的经济赔偿责任。为保护我国渔民赴南沙海域正常生产作业，渔船保险还设有附加南沙涉外责任保险，对在我国南沙传统海域正常生产作业，由于遭他国舰船抓扣、判刑坐牢，遭枪击伤亡造成的侵害进行赔偿。

渔民保险分为渔船船东雇主责任保险和渔民人身平安保险。渔船船东雇主责任保险主要承担雇用船员在船上作业因遭受意外事故而致死亡或伤残，根据劳动合同或法律应由雇主支付的赔偿费用；渔民人身平安保险主要是对渔民自己因意外伤害导致死亡或伤残的赔付。

水产养殖保险在中国渔业互保协会以试点为主。目前已开展的水产养殖保险主要是以养殖户普遍关心的台风、暴雨、洪水等极端气象灾害以及特定暴发性疾病风险，也有部分试点将保险责任扩展到高温、干旱、污染、意外事故等风险。

2015 年，渔业互保全系统共计承保渔民 908 769（次），渔船 72 041 艘（次），为渔民群众提供风险保障 3 276.28 亿元。

（二）财政补贴支持

目前，浙江、海南、江苏、上海、福建、山东、河北、广西、天津、辽宁等沿海省（自治区、直辖市）地方财政均对渔民参加渔船互助保险和渔民互助保险给予一部分保费补贴，以渔业互助保险组织为主体的政策性渔业保险体系已粗具雏形。各省具体财政补贴情况如下：

1. 辽宁省

补贴范围：丹东市、锦州市、营口市、盘锦市、葫芦岛市、绥中县、长海县等沿海五市两县及驻地在大连从事远洋捕捞作业的省属企业。

补贴方式：省级财政对 14.7 千瓦以上、参加互保的渔船（包括远洋渔船），按照全损责任给予 20% 的财政补贴，市县级财政部门积极筹措资金，与省财政保费补贴统筹使用。

2. 河北省

补贴范围：全省参加雇主责任互助保险和人身平安互助保险的沿海和内陆渔民。

补贴方式：通过财政专项资金对雇主责任互助保险和互保金额不低于 4 万元的人身平安互助保险的渔民给予 25% 的保费

补贴,各市县争取按照和省财政 1:1:1 比例给予资金配套。

3. 天津市

补贴范围:在天津市渔港监督管理部门登记注册、参加渔业互助保险的海洋渔业船舶和渔民(船员)。

补贴方式:对于海洋渔业船舶,保险金额为参保船价值的50%,财政保费补贴50%。对于出海渔民,每份人身保险金额为 1 万元,一般购买 11 份到 20 份,财政补贴50%的保费。

4. 江苏省

补贴范围:全省从事海洋渔业生产经营的渔船、渔民以及从事内陆渔业生产经营的渔船,分为"渔船互助保险"和"雇主责任互助保险"两个险种。

补贴方式:省财政对参加渔业保险试点的投保渔民(投保人)给予的保费补贴比例为25%,各市、县级财政根据自身财力,自行确定是否给予补贴以及补贴比例。

5. 上海市

补贴范围:上海市全市的群众渔船保险。

补贴方式:上海市将群众渔船综合险纳入到农业保险补贴范围,市、区(县)财政给予50%的保费补贴,并对参加渔船保险的船上船员每人赠送 20 万元的人身意外伤害保险。

6. 浙江省

补贴范围:全省沿海所有县市区 44.1 千瓦以上渔船全损互助保险和雇主责任互助保险。

补贴方式:浙江省安排财政专项补贴资金对渔船财产互助保险中的全损责任和意外身故保额不超过 50 万元部分和意外致残保额不超过 30 万元部分的雇主责任互助保险给予 20%的保费补贴,县市财政配套补贴的比例最高为 20%。

7. 宁波市

补贴范围：宁波市全市参保渔民和渔船。

补贴方式：财政保费补贴比例为 40%，由市、县财政各负担 20%。

8. 福建省

补贴范围：渔工责任互助保险范围为全省沿海各市县，渔船互助保险范围为长乐市、平潭县、诏安县、东山县、晋江市、石狮市、秀屿区、湄洲岛和福鼎市 9 个县（市、区）。

补贴方式：渔工责任互助保险和渔船互助保险保费补贴比例均为 40%，其中省级政府承担 30%，市县政府承担 10%。

9. 广东省

补贴范围：全省参加渔船财产保险和渔民人身伤害保险的渔民。

补贴方式：保费补贴比例为 35%，非珠江三角洲地区（含江门市的开平、恩平、台山市），省级财政补贴比例为 25%，市县级财政补贴比例为 10%，其中地级市财政补贴比例不得低于 5%；珠三角地区，包括广州、珠海、佛山、中山、东莞、江门（不含江门市的开平、恩平、台山市），省级财政不予补贴，市县级财政补贴比例不应少于 35%，其中地级以上市财政补贴不得低于 30%，深圳市参照执行。

10. 广西壮族自治区

补贴范围：全自治区参加雇主责任互助保险和人身平安互助保险的渔民。

补贴方式：通过自治区财政专项资金给予 20% 的保费补贴。

11. 海南省

补贴范围：全省沿海市县。

补贴方式：渔船保险保费省级财政补贴 30％，市县级财政补贴 10％，中央财政补贴缺口部分由省级财政承担；渔民海上人身意外伤害保险保费省级财政补贴 50％，市县级财政补贴 10％。

四、保险公司开展渔业保险的探索

近年来，保险公司重返渔业保险市场，并逐步扩大了渔业保险业务，部分保险公司通过直保或与渔业互保共保等方式参与到渔业保险业务的经营中。在水产养殖保险领域，以安信农险、人保财险等保险公司通过坚持不懈的探索，取得了显著的成绩。

（一）安信农业保险公司的渔业保险探索

1999 年，上海市水产办公室联合中国人民保险公司上海分公司试点水产养殖保险，市财政给予 40％的保费补贴。试点初期，赔付率较高，曾高达 300％。2004 年，在人保上海分公司农险部探索农险经营的基础上，上海市成立了安信农业保险公司。安信农险延续了人保上海分公司农险部开展水产养殖保险的业务，并不断创新，到 2007 年，水产养殖保险的赔付率下降到 100％以下。2008 年 4 月，上海市成立了由水产技术推广专家组成的水产养殖保险受灾损失评估专家委员会。通过专家的参与，正确评估风险，进一步降低保费、完善理赔勘查手段，减少了保险公司与渔民之间的矛盾，同时提高了渔民的养殖技术水平，使赔付率逐年降低。目前，安信农业保险公司承担上海市政策性农业保险业务，其开展的水产养殖保险险种主要有四大类：

1. 淡水养殖（经济鱼虾）保险

保险标的为"四大家鱼"等普通鱼虾，保险责任为遭受暴风、台风、龙卷风、暴雨、雷击，或者空中运行物体坠落，造成增氧机和水泵设备故障而无法开启发生"泛塘"的；遭受上述灾害事故，发生溃塘、漫塘的。

2. 淡水养殖（南美白对虾）保险

保险责任为遭受暴风、台风、龙卷风、暴雨、雷击或者空中运行物体坠落，造成增氧机和水泵设备故障而无法开启发生"泛塘"的；遭受上述灾害事故，发生溃塘、漫塘的；暴发"桃拉"病（又称红体病）、白斑病，造成保险白对虾死亡的。

3. 淡水养殖（围网养蟹）保险

保险标的为河蟹和使用的网具，保险责任为由于洪水冲毁或淹没网具，造成河蟹流失、网具损失。

4. 淡水养殖（池塘养蟹）保险

保险责任为发生暴风、台风、龙卷风、暴雨、洪水灾害致使蟹塘漫堤溃堤，造成塘蟹流失的；塘蟹患有甲壳溃疡病、黑鳃病、水肿病和纤毛虫病，致使发生集中性、漂浮状和大批量死亡的；发生连续 7 天 35℃及以上高温，水温升高、水体变质、塘蟹食欲不旺、营养失衡，造成蟹的脱壳不遂而发生集中性、漂浮状和大批量死亡的。

（二）中国人民财产保险公司的渔业保险探索

近年来，人保财险先后在北京、大连、江苏、浙江、宁波、广州等地区开办了涉及海珍品、工厂化鱼养殖、淡水鱼养殖、内塘螃蟹、紫菜、牡蛎等多品类的水产养殖保险业务，取得了积极成效。

在保险产品的设计上，除传统水产养殖保险外，人保财险

現代农业保险政策与实务

还开展了创新型指数保险，比较有代表性的是獐子岛集团风力指数保险和江苏内塘螃蟹养殖水文指数保险。大连獐子岛风力指数保险责任包括：保险海珍品所在海域遭遇保险合同约定的起赔风级，即超过 20 米/秒的 8 级风视为发生风灾事故，保险人依照合同的约定负责赔偿。江苏内塘螃蟹养殖保险责任包括：①保险蟹塘遭遇大暴雨、特大暴雨或洪水导致周边湖泊、河流达到保险最高警戒水位线，蟹塘水位超出当期螃蟹养殖标准水位 30％（含）以上，且超过 48 小时无法有效排水，导致保险螃蟹遭受损失；②保险蟹塘遭遇连续干旱导致周边湖泊、河流达到保险最低警戒水位线，蟹塘水位低于当期螃蟹养殖标准水位 70％（含）以上，且连续超过 7 天无法有效加水，导致保险螃蟹损失，保险人按照保险合同的约定负责赔偿。

五、参加渔业保险的注意事项

（一）选择合适的保险机构

渔业保险投保人首先要明确本地区是否有渔业保险业务经营机构，如果有，就得知道这个机构是商业保险公司还是渔业互保协会。一般来说，渔船都选择去渔业互保协会投保，养殖水产品都选择去商业保险公司投保，渔民人身都选择去渔业互保协会投保。保险机构的选择决定了灾后获得赔偿的多少和受灾救助的效果。

（二）投保合适的保险种类

渔业保险分为全损保险和综合保险，两者的保险责任不同，在投保时要注意区分。投保全损险只能当渔船全损或推定全损时才能获得保险赔付，对于渔船因自然灾害或意外事故造

90

成的部分损失和对第三者应当承担的一些责任不能从保险机构获得赔偿。此外，去南沙生产作业的渔船建议投保南沙渔业生产涉外责任保险，规避涉外风险。

（三）选择合适的承保比例

由于渔船是海上作业流动性很强的物体，在航行生产作业中容易受到海洋突变气候、水下危险物以及其他流动物体（如大型货运船舶）的威胁和损害。一旦发生海损事故，如得不到及时救援，往往损失十分巨大，而且现场取证、查找事故原因困难，理赔时也容易产生争议。渔船市场价格直接受生产好坏的影响不断发生变动且起伏较大，确定渔船的实际价值十分困难，这些特点使得渔船保险容易产生道德风险。因此，渔船保险普遍实行不足额承保，即只能按渔船的新旧程度和安全状况确定比例投保。

（四）发生事故后第一时间报案

在发生事故后，船东应利用最有效的通讯手段立即通知有关渔政渔港监督和保险机构，并须在到达第一个港口后 24 小时内，提交事故报告。要求第一时间报案，一是有利于对事故原因和损失情况及时展开调查，避免因延误时间造成勘验理赔困难；二是能够及时通知相关部门采取适当抢救措施，防止损失进一步扩大，若发生碰撞肇事逃逸事故，则可立即采取措施查找肇事船；三是避免发生道德风险，事故发生与报案时间间隔越短，发生道德风险的可能性就越小。

（五）渔民保险

投保渔民保险，要注意区分雇主责任保险与意外伤害保险。雇主责任保险与意外伤害保险相比，有三点不同：一是被保险人、保险标的不同。雇主责任保险被保险人是雇主，保险标的是雇主依法对雇员承担的因生产安全事故造成的损害的赔偿责任。意外伤害险的被保险人是单位的雇员（员工），保险标的是被保险人（雇员）的身体或生命。通俗地说，就是理赔对象不同，但受益的都是雇员（员工）。二是赔偿的依据和法律后果不同。雇主责任保险是依据安全主管部门认定的生产安全事故造成的人身伤害，根据法律或雇用合同雇主对雇员应承担的经济赔偿责任，由保险公司负责赔偿。可见，从理赔依据上看，雇主责任保险更权威、更直接、更简便。三是法律后果不同。从法律后果看，雇主责任保险的赔偿是保险人代替被保险人（雇主）依法应履行赔偿责任的一部分或全部，具有转嫁事故民事赔偿责任，减轻雇主经济赔偿压力的作用。工伤保险、意外伤害险是劳动保障部门、保险公司的赔偿，并不能免除或减少投保单位或雇主对被保险人应尽的赔偿责任。为此，渔船船东如果想要转移自己可能承担的赔偿责任时，一定要选择购买雇主责任保险。

第九章
森林及其保险

　　森林是以乔木为主体的生物群落，是集中生长的乔木与其他植物、动物、微生物和土壤之间相互依存、相互制约，并与环境相互影响而形成的一个生态系统。森林生态系统具备复杂的结构、丰富的物种、优美的景观，具有多种多样的功能，是大自然给予人类的宝贵财富。科学地认识森林、合理地利用森林，一直以来都是关系人类社会生存与发展的重要课题。森林的灾害一直不断，在人们对森林资源渴求的同时，森林保险显得越来越重要。

一、森林的功能

（一）森林的划分

　　正确区分不同类型的森林是合理利用森林的前提。森林划分方法多种多样，《中华人民共和国森林法》第四条按照林业经营目的不同，将森林资源分为以下五类：

　　（1）防护林。以防护为主要目的的森林、林木和灌木丛，包括水源涵养林，水土保持林，防风固沙林，农田、牧场防护林，护岸林，护路林等。

　　（2）用材林。以生产木材为主要目的的森林和林木，包括以生产竹材为主要目的的竹林。

（3）经济林。以生产果品，食用油料、饮料、调料、工业原料和药材等为主要目的的林木。

（4）薪炭林。以生产燃料为主要目的的林木。

（5）特种用途林。以国防、环境保护、科学实验等为主要目的的森林和林木，包括国防林、实验林、母树林、环境保护林、风景林、名胜古迹和革命纪念地的林木、自然保护区的森林。

（二）森林的功能

森林不仅能提供木材、燃料能源和丰富多样的林副产品，而且能够在其生长和发育的过程中与周围生态、人文环境相互作用、相互影响，创造出巨大的生态、社会价值。综合来看，森林的功能包括经济功能、社会功能和生态功能三大类。

1. 经济功能

森林资源是人类文明起源和发展的重要物质基础。直到今天，森林仍然为人类提供生产、生活所必需的各种资源。首先，森林提供林果、种子、坚果、块茎和菌类等多种食物。森林、灌木丛中的动物还提供肉食和动物蛋白。其次，森林提供木材、生产各种林副产品。木柴和木炭是农村生活最基础的生活燃料。木材的用途非常广泛，支撑起建筑、交通、造纸、家具等多个产业的发展，创造出巨大的经济价值，提供了无数的就业岗位。其他各种林产品如林果、树皮、树脂、虫蜡、药材等都是轻工业的重要原料。

2. 社会功能

森林生态系统还能服务人类社会，改善人们的精神面貌。城市里种植的林木能够吸附粉尘、消灭细菌和降低噪音、促进人类的身心健康。赏心悦目的林地景观还能使人类亲近自然、放松压力、解除疲惫，改善人们的生活状态，甚至提供艺术创作的灵感。更多的绿化设施对改善人类精神状态、建设和谐社会有着积极的意义。

3. 生态功能

森林生态系统能够为人类生活的自然环境带来积极有益的影响。首先，森林能够净化空气。森林可以吸收二氧化硫、氯气等有毒有害气体，释放出大量氧气。其次，森林能够涵养水源、保持水土。树冠及林地疏松多孔的土壤可以蓄留降水，湿润林区空气。树身、树冠和树根都能抵挡风、水对表层土壤的侵蚀刮刷；森林还可以调节小气候，通过蒸腾作用散发水分，增加林区降水、保持冬暖夏凉。最后，森林还为各种动植物提供了栖息地，保护了生物多样性资源，是天然的物种库和基因库。

二、森林的主要风险和森林保险

（一）中国森林分布概况

根据第八次全国森林资源清查（2009—2013 年）结果，中国森林面积 2.08 亿公顷，森林覆盖率 21.63%。活立木总蓄积 164.33 亿立方米，森林蓄积 151.37 亿立方米。天然林稳步增加，面积达 1.22 亿公顷，蓄积 122.96 亿立方米；人工林快速发展，面积 0.69 亿公顷，蓄积 24.83 亿立方米，森林采伐中人工林比重持续上升。森林面积和森林蓄积分别位居世界第 5 位和第 6 位，人工林面积仍居世界首位。我国森林资源进入数量增长、质量提升、生态能力加强的稳步发展时期。这表明我国近年来确定的一系列有关林业发展和生态建设的重大战略决策，实施的一系列重点林业生态工程都取得了显著成效。

然而，中国森林资源贫乏的状况并没有改变。我国仍然是一个缺林少绿、生态脆弱的国家，森林覆盖率远低于全球31%的平均水平，人均森林面积仅为世界人均水平的 1/4，人均森林蓄积只有世界人均水平的 1/7，森林资源总量相对不足、质量不高、分布不均的状况仍未得到根本改变，林业发展还面临着巨大的压力和挑战。在我国，进一步加大投入力度，加强森林经营，提高林地生产力，增加森林蓄积量，发挥森林经济效益，增强森林生态服务功能的潜力还很大。[①]

（二）森林的主要风险

森林资源面临多种灾害风险，容易遭受巨大损失。森林灾害主要有森林火灾、生物灾害和气象灾害三类。

1. 森林火灾

森林火灾是非常普遍的自然灾害，具有突发性强、来势迅猛、扑救困难、极易成灾等特点。中国每年平均发生森林火灾约一万多次，烧毁森林几十万甚至上百万公顷，约占全国森林面积的 5‰～8‰。森林火灾不仅直接烧死林木，烧毁大量珍贵木材，而且严重破坏森林结构和森林环境，危害珍稀动植物资源，损害生物多样性。森林火灾改变林地土壤性能，降低其保水性和渗透性，使森林涵养水源能力降低，再加上灾后地表裸露，导致风沙侵蚀、水土流失加剧。严重的森林火灾还会污染空气，导致人畜伤亡，威胁人民生命财产安全。1987 年大兴安岭特大森林火灾烧死 193 人，烧伤 226 人，烧毁房屋 61.4万平方米，桥梁 67 座，铁路 9.2 千米，输变电线路 284 千米，

---

① 国家林业局. 第八次全国森林资源清查主要结果（2009—2013 年）[EB/OL].
http：//www.forestry.gov.cn/main/65/content - 659670.html. 2014. 02. 25/2016. 10. 11.

粮食 325 万千克，各种设备 2 488 台，直接经济损失达 5 亿元人民币。[1]

2. 生物灾害

森林生物灾害指极少数外来或本土的昆虫、病原体、啮齿动物或杂草等林业有害生物直接或间接危害森林中的木本植物，进而损害森林生态系统的整体结构或功能，带来严重经济、社会和生态等损失的自然灾害。[2] 森林病害、虫害和鼠害直接影响林木的生长发育，损害林产品的质量，给森林资源和环境造成巨大破坏，导致重大经济损失。森林病害中，杨树烂皮病、松疱锈病和泡桐丛枝病较为普遍，我国每年因泡桐丛枝病损失 2 000 多万元。危害我国森林资源的主要害虫为松毛虫，每年成灾面积约 133 万公顷，减少松树生产量 200 万立方米。我国森林鼠害主要发生在华北北部、西北等森林生态较差的地区，1990 年鼠害发生面积为 80 多万公顷，损失 3 亿元。森林中有害植物蔓延则主要破坏了森林生态系统的平衡，加剧了系统内生存竞争，间接对其他植物如经济作物和目标植物的繁育生长产生不利影响。

3. 气象灾害

森林气象灾害是指各种灾害性天气对林木生长发育造成的危害，包括低温、高温、干旱、洪涝、雪害、风害、雨凇、雹害及大气污染等。树种生长发育与气象因素的关系可表现为最适宜、最高和最低极限。当气象状况在最适宜区间变化时，林木生长发育最好；如接近或超过最高或最低限度，则受到抑制，甚至死亡。不同的树种，甚至相同树种在不同年龄阶段，

① 宋立胜，徐世芳，郭永昌，等. 大兴安岭特大森林火灾要情简编 [J]. 灾害学, 1987 (2): 57-59.

② 刘春兴. 森林生物灾害管理与法制研究 [D]. 北京：北京林业大学, 2011.

其最适和忍耐极限都不同。因此，森林气象灾害防治比较困难。①

（三）森林保险的内容

1. 森林保险的概念

孔繁文和刘东生在 1985 年《关于森林保险的若干问题》中认为，森林保险是森林经营者按照一定标准缴纳保险费以获得保险部门在森林遭受灾害时提供经济补偿的行为，这种行为以契约形式固定下来，并受到法律保护。② 投保森林保险的经营者可以是国有林业生产单位、集体所有制合作林场、林业股份制企业以及林业专业户、重点户等。作为政策性保险的一种，森林保险通常以保险公司为经营主体，由政府通过保费补贴等政策手段引导林农参加，并为林农提供灾后损失补偿的一种保险形式。

2. 森林保险的标的

根据 2009 年财政部、国家林业局、中国保监会发布的《关于做好森林保险试点工作有关事项的通知》（财金［2009］165 号，以下简称《通知》）要求，森林保险的保险标的为生长和管理正常的商品林和公益林。理论上讲，凡是正在生长的防护林、用材林、经济林等林木和砍伐后尚未集中存放的圆木等符合保险条件者均可参加森林保险。

3. 森林保险的期限

除另有约定外，我国森林保险的期限通常为一年，以保险

---

① 申常言. 我国森林资源防灾减灾法律问题研究［D］. 哈尔滨：东北林业大学，2014.

② 孔繁文，刘东生. 关于森林保险的若干问题［J］. 林业经济，1985（4）：28-32.

合同载明的起止时间为准。

4. 森林保险的承保责任

森林生长过程中遇到的自然灾害和意外事故，只要可以计算直接经济损失的，都可能成为森林保险承担的保险责任。森林保险责任范围包括火灾、暴雨、暴风、洪水、泥石流、冰雹、霜冻、台风、暴雪、雨淞、虫灾等，试点地区应根据当地灾害特点和参保对象的意愿确定保险责任范围（表9-1）。

表9-1　全国部分省份森林综合保险责任一览表

省份	保险责任
福建	森林火灾、病虫害、暴雨、暴风、洪水、滑坡、泥石流、冰雹、霜冻、台风、暴雪、雨淞、干旱造成的经济损失
湖南	火灾和人力无可抗拒的洪水、旱灾、冻灾、病虫鼠害造成保险林木的流失、掩埋、主干折断、死亡或者推定死亡且损失程度在10%以上或损失面积在10亩以上的
江西	因火灾、暴雨、暴风、洪水、泥石流、冰冻、冰雹、霜冻、台风、暴雪、森林病虫害造成被保险林木流失、掩埋、主干折断、倒伏或死亡的直接经济损失
辽宁	火灾、洪水、泥石流、雨（雪）淞、暴风（雨、雪）、台风、冰雹、霜冻、干旱等造成的经济损失
浙江	火灾死亡；由暴雨、台风、暴风、龙卷风、洪水、泥石流、冰雹、冻害、暴雪、雨淞造成林木流失、掩埋、主干折断、倒伏或死亡

资料来源：笔者整理所得。

5. 森林保险金额和费率的确定

森林保险金额和费率的确定以"低保费、保成本、广覆盖"为原则，确定森林保险保费金额和费率既要考虑到林农的缴费能力和保障需求，又要考虑到保险公司的风险防范和稳健经营要求。保险金额原则上为林木损失后的再植成本，包括郁

現代农业保险政策与实务

闭前的整地、苗木、栽植、施肥、管护、抚育等费用，具体由地方政府和保险公司按市场原则协商确定。保险费率则应综合保险责任、林木多年平均损失情况、地区风险水平等多种因素并参照其他地区费率水平来科学厘定（表9-2）。

表9-2 全国部分省份森林综合保险金额及费率一览表

省份	保险金额及费率
福建	森林综合保险（包括商品林保险和公益林保险）费率为2.5‰，每亩保险金额为600元
湖南	公益林年保险费率为4‰，即每亩每年保险费1.6元，每亩保险金额为400元。商品林保险应限定在每亩保额800元以下，费率在1‰以内开展
江西	商品林火灾保险费率为1.5‰，商品林综合保险费率为4‰。公益林综合保险费率为2‰。公益林每亩保险金额500元，商品林每亩保险金额按参保林木的再植成本确定，视树种树龄情况，由参保人与保险公司按每亩不超过800元保额协商确定
辽宁	商品林及公益林每亩保额500元，保险费率3‰，每亩保费1.5元
浙江	公益林火灾险每亩保额300元，基础费率1.5‰。商品林火灾险每亩保额200~800元，基础费率1.5‰。林木综合险每亩保额200~1 000元，基础费率0.6‰~0.8‰

资料来源：笔者整理。

（四）森林保险的政策保障

早在20世纪80年代初，我国就开始试办森林保险业务。1982年，我国拟定了第一部《森林保险条款》。1984年我国进行了森林保险的试点，到了1988年全国已有20多个省的133.3万公顷森林开展了保险工作。1993年以后，由于林农投保积极性不高、保险经营风险大回报小等原因，森林保险发展速度减缓，投保面积逐年萎缩，到21世纪初，全国大部分地

100

区森林保险基本处于停办状态。[①]

2003 年,福建、江西等地开始推进集体林权制度改革,森林保险作为推进林权改革的重要手段重新启动。福建、江西、湖南等省地方财政开始对森林火灾保险保费提供补贴。各地探索发展森林保险的实践引起了党中央、国务院有关部门的关注。2008 年中央 10 号文件《中共中央国务院关于全面推进集体林权制度改革的意见》提出,要"加快建立政策性森林保险制度,提高农户抵御自然灾害的能力"。2009 年中央 1 号文件《中共中央国务院关于促进农业稳定发展农民持续增收的若干意见》指出,要"加大财政对集体林权制度改革的支持力度,开展政策性森林保险试点"。

为响应中央文件精神,财政部于 2009 年 3 月出台了《关于中央财政森林保险保费补贴试点工作有关事项的通知》(财金〔2009〕25 号),并随文下发《中央财政森林保险保费补贴试点方案》,明确在福建、江西、湖南三省率先开展中央财政森林保险保费补贴试点工作。2009 年 5 月,中国人民银行、财政部、银监会、保监会、国家林业局等五部委联合下发了《关于做好集体林权制度改革与林业发展金融服务工作的指导意见》,提出要"积极探索建立森林保险体系",针对办理森林保险作出了一些具体指示和要求。此后,财政部、林业局、保监会又先后发布《关于 2010 年度中央财政农业保险保费补贴工作有关事项的通知》和《关于 2013 年度中央财政农业保险保费补贴工作有关事项的通知》两个文件,将森林保险保费补贴试点范围逐步扩大到福建、江西、湖南、浙江、辽宁、云南、山西、

---

① 王珺、冷慧卿. 中央财政森林保险保费补贴六省试点调研报告. 保险研究,2011(2):48-56.

现代农业保险政策与实务

内蒙古、吉林、甘肃、青海、大连、宁波、青岛等地和大兴安岭林业集团公司。2016 年 12 月 19 日，财政部发布的《中央财政农业保险保险费补贴管理办法》规定，对于公益林保险，在地方财政至少补贴 40% 的基础上，中央财政补贴比例为 50%，对大兴安岭林业集团公司的补贴比例为 90%。对于商品林保险，在省级财政至少补贴 25% 的基础上，中央财政补贴比例为 30%，对大兴安岭林业集团公司的补贴比例为 55%（表 9-3）。

表 9-3 全国部分省份森林综合保险保费补贴一览表

省份	保险补贴
福建	对于生态公益林，中央财政保费补贴比例提高到 50%，地方财政补贴 40%（其中：省级财政 25%，县级财政 15%），林权所有者承担 10%。对于投保面积在 10 000 亩以下（含 10 000 亩）的，中央财政补贴 30%，省级财政补贴 30%，县级财政补贴 15%，林权所有者承担 25%。对于投保面积在 10 000 亩以上的，中央财政补贴 30%，省级财政补贴 30%，林权所有者承担 40%
湖南	对于公益林保险中央财政补贴 50%，省财政补贴 30%，市县财政补贴 10%，林权权利人承担 10%（可由市县财政承担）。对于商品林，中央财政保费补贴比例为 30%，省级财政保费补贴比例为 25%。鼓励市县财政给予保费补贴支持
江西	国家和省级公益林补贴比例 100%，其中：中央财政 50%、省财政负担 50%；商品林补贴比例 60%，其中：中央财政 30%、省财政 25%、县财政 5%，其余由投保人负担
辽宁	对商品林投保户给予保费总额 75% 的补贴，具体比例为：除省直林场外的投保户，中央财政负担 30%、省财政负担 25%、市县财政负担 20%。省直林场，中央财政负担 30%、省财政负担 45%；对公益林投保户给予保费总额 95% 的补贴，具体比例为：除省直林场外的投保户，中央财政负担 50%、省财政负担 25%、市县财政负担 20%。省直林场，中央财政负担 50%、省财政负担 45%
浙江	公益林火灾险财政补贴比例 100%。商品林火灾险财政补贴比例 75%，农户自负 25%。林木综合险财政补贴比例 75%，农户自负 25%。财政补贴部分依据国家政策标准

资料来源：笔者整理。

102

三、中国开展森林保险的实践

自 1984 年试点以来，我国森林保险实践主要出现过四种制度形式。张长达在《我国政策性森林保险的制度探讨——基于江西、湖南森林保险工作的实证研究》中，将其总结为商业保险公司主办并由林业部门配合的协保模式、林业部门与商业保险公司共保模式、林业部门自保模式以及农村林木保险合作组织的互保模式。[①]

（一）林业部门引导，保险公司主办形式

这是中国目前森林保险的主要形式。这种形式的特点是政府引导、商业公司运作和专业化管理。政府的作用主要表现在提供保费财政补贴、减免保险公司营业税、引导林农投保和提供信息平台、技术支援等。保险公司则可以凭借经营渠道、管理经验实现商业化运作和科学管理。这样的形式适合经济发达、财力雄厚、林农投保意识强的地区。

（二）林业部门与商业保险公司共保形式

这种形式指以保险公司名义开展业务，具体承保手续由林业部门负责办理，保费收入和赔偿支出在保险公司和林业部门之间按照约定比例分配。这是一种比较理想的森林保险制度模式，可以降低独家承保的风险，提高化解巨灾风险的能力，更好地保障林农的利益。但是我国现在实行森林保险共保的范围

---

① 张长达，高岚. 我国政策性森林保险的制度探讨——基于江西、湖南森林保险工作的实证研究 [J]. 农村经济，2011（5）：83-86.

仍然太小，不能达到在空间上分散风险、承受巨灾赔偿的需要。

（三）林业部门自保形式

辽宁本溪市曾实行林业部门自保形式，通过成立森林灾害共济会开展森林保险业务。这种形式是带有强烈计划经济色彩的森林保险经营模式。林业主管部门给共济会提供行政管理上的便利和技术上的支持。由于林业部门与林农关系密切，对其生产经营活动十分熟悉，林业部门自保形式可有效解决道德风险和信息不对称的问题。但是，森林灾害共济会范围过小，无法在空间上分散风险，一次巨灾可能造成毁灭性打击。由于管理水平低，赔付额高，共济费无法按时缴纳上来，此模式于1996年宣告失败。

（四）农村林木保险合作组织的互保形式

农村林木保险合作社是在各级政府的支持帮助下，由林业经营者在自愿互利的基础上建立的自负盈亏、风险共担、利益共享的民间森林保险合作组织。林木保险合作组织在险种设立上更加灵活，可以更好地参照当地实际情况、满足社员的真实需要，保险费也合理。由于投保农户同时又是保险合作组织的成员，保险人与被保险人集于一身，利益高度一致，可有效减少信息不对称情况和道德风险的发生。然而，保险经营管理需要专门技术人才，文化素质较低的农民无法胜任。同时开办林木保险合作组织的实践规模过小，同样无法在空间上分散巨灾风险。①

---

① 潘家坪，常继锋. 中国森林保险政府介入模式研究 [J]. 生态经济，2010（3）：124-127.

四、投保森林保险的注意事项

（一）结合集体林权改革开展森林保险

近年来，深化集体林权制度及其金融配套制度改革一直是林业经济领域的热点问题。集体林权制度改革为发展政策性森林保险提供了千载难逢的机会。一方面为深化改革，国家政策积极鼓励金融保险机构开展森林保险业务，并给予保费财政补贴；另一方面，集体林改后森林产权明晰，林业管理更加现代化，林地经营者更愿意购买保险分散独立承担的经营风险，以在灾后迅速恢复生产。因此，应该结合集体林权制度改革，大力发展森林保险事业。

在《关于做好集体林权制度改革与林业发展金融服务工作的指导意见》（银发〔2009〕170号）文件中，中国人民银行、财政部、中国银监会、中国保监会、国家林业局等部门提出了配合集体林权制度改革发展森林保险的一些具体要求。比如要设立森林保险补偿基金，建立超赔保障机制；要因地制宜设立险种，考虑林业灾害发生概率及强度差异性设立保险费率；在承保中要坚持"保障适度、林农承担保费低廉、广覆盖"的原则；在保险理赔服务中，要按照"公开、及时、透明、到户"的原则规范理赔服务，提升森林保险的服务质量等。

地方林业部门应该遵照国家相关政策规定，在开展森林保险事业的过程中，合理制定规范性文件，科学确立各项制度，努力寻找适合当地实际的保险方案，提高保险经营的专业化水平，积极提高森林保险服务质量，切实保障个人及集体的利益。

（二）依托林业专业合作社投保

依托林业专业合作社集体购买森林保险得到国家政策的认可。《关于做好集体林权制度改革与林业发展金融服务工作的指导意见》（银发〔2009〕170号）文件中提到要"创新投保方式，支持林业专业合作组织集体投保，支持以一定行政单位组织形式进行统一投保，提高林农参保率和森林保险覆盖率"。许多省（区）制定的政策性森林保险试点方案中都规定有集体投保的条款。如广东生态公益林和商品林的森林保险保费补贴方案中就规定"商品林由林木经营者自主选择投保方式。林业企业、林业经济合作社、林业经营大户可以直接向当地选定的保险公司投保，支持以县、乡（镇）、村为单位，组织散户林农统一投保。"[1] 福建2013年森林综合保险方案也规定"对经营面积较小的一般种植户，可以村或乡（镇）为单位统一参保，实行一镇（村）一保单，保费可由乡镇（村）统一收取或扣缴。"[2]

依托林业专业合作社、村或乡镇等集体投保可以简化农民参与保险的程序，增强承保理赔时的谈判能力，确保农民享受国家各项政策优惠。因此，林农在决定投保时应该到村集体经济组织或村、乡（镇）相关机构处咨询，了解是否有集体统一投保的路径。

---

① 广东省林业厅．广东省政策性森林保险保费补贴资金管理暂行办法（粤财农〔2012〕211号）［EB/OL］．https：//www.gdf.gov.cn/index.php? controller=front&action=view&id=10016786.2012.07.03/2016.10.11.

② 福建省林业厅．2013年森林综合保险方案［EB/OL］．http：//www.fujian.gov.cn/xw/ztzl/snfw/nybx/slzhbx/zcfgjjd/201310/t20131018_667945.htm.2013.10.18/2016.10.11.

第十章
农机及其互助保险

农业机械早在几千年前就出现在了人类的农业耕作中，它的使用极大地提高了农业生产效率，改变了农业生产面貌。而在工业化革命完成后，农业也依托多种多样的机械设备，走上了产业化、标准化和规模化的发展道路。农业机械在不断服务农业发展的过程中，也面临着一系列风险。目前，很少有保险公司专门经营农机保险业务，市场上占有份额最大的农机保险业务是农机互助保险业务。

一、农业机械的发展

农机是农业生产中使用的各种机械设备的统称。包括：大小型拖拉机、平整土地机械、耕地犁具、耕耘机、微耕机、插秧机、播种机、脱粒机、抽水机、联合收割机、卷帘机、保温毡等设备。农业机械的大规模运用是农业现代化的重要标志。

农业机械诞生之初，其目的就是为了减小生产中的劳动强度，提高农业劳动效率，所以，现代农业机械的推广使用，大大减轻了农业经营的劳动强度，提高了劳动生产率。同时，农业机械的使用使得土地资源能够得到进一步利用，例如旋耕机等设备的使用，能够充分发挥土地肥力，提高农田的单产和总产。在生产率提高的同时，人力成本大大降低，化肥农药的成本也得到了有效控制，农产品生产成本大大降低。此外，农业机械的使用缩短了农业劳动时间，带来效率的提高，与此同时也减小了气候对农业生产的影响，特别是在极端天气情况下，为抢收抢种提供了可靠保证，能够有效减小农业巨灾风险。更为重要的是，现代化农业机械的使用，使得大规模集约化农业经营成为可能，农业从一家一户的精耕细作的小农状态跨越式发展到规模种植、专业发展的农业产业化状态。

随着 2004 年《农业机械化促进法》和 2009 年《农业机械安全监督管理条例》的出台以及农业机械购置补贴政策的推行，我国农业机械化水平迅速提高。2016 年末，全国联合收获机数量达到 114 万台，比十年前增长了 105.3%；排灌动力机械 1 431 万套，比十年前增长了 6.1%。主要农作物耕种收综合机械化水平已经超过了 65%，小麦的机械化耕种收程度最高，其机耕、机播和机收的比重分别达到了 94.5%、82% 和 92.2%，基本实现全程机械化，玉米、水稻的机械化水平超过 75%。这标志着我国农业的生产方式已由千百年来以人力畜力为主转到以机械作业为主的新阶段。

然而，随着农机保有量的增长、农机从业人员数量的增加和各类农机作业的推广，农机安全事故也呈增长趋势。2014年全国累计报告在国家等级公路以外的农机非道路交通事故 1 744 起，死亡 300 人，受伤 556 人，直接经济损失 1 450.04 万元。另据相关部门提供的资料，2014 年全国接报拖拉机肇事导致人员伤亡的道路交通事故 2 458 起，造成 1 018 人死亡、2 260 人受伤，直接财产损失 656.5 万元。农机安全形势非常严峻。

二、农机的主要风险

随着农业机械的大型化、复杂化、专业化，农机安全和风险日益成为农业机械化过程中极为重要和亟待解决的难题。我国各地区地形地貌差异大，有大量农田处于非平原区，即使是平原区的农田又因为家庭联产承包责任制下包产到户，被分割成小块难以开展大规模作业，从自然条件上增加了农业机械作业的难度。同时，我国农民专业技能缺乏，对农业机械的操作普遍缺少专业化、标准化的培训和安全教育，农机作业安全意识薄弱，增加了现代农业机械的作业风险。对很多农村家庭来说，能够拥有自家的农业机械还比较困难。拥有农机的家庭，农机往往是其重要的经济来源。所以，一旦农机出险，轻则导致人员受伤或机械受损，重则机毁人亡。在农机风险事故发生以后，由于缺乏有效的风险保障，很多家庭一夜返贫的悲剧时有发生。

（一）农机设备的损毁风险

1. 道路运输中的损毁风险

首先，农业机械在运送农产品过程中，或被运输过程中，无论是直接上路还是采用货车托运都面临着道路运输损毁风险。由于农业机械本身的设计特性以及驾驶人员的自身因素，每年发生的农机道路交通事故不在少数。同时，农业机械体积大、运输距离长、运输环节复杂，其运输环境和天气也增加了道路运输中的潜在风险。此外，农机的无证驾驶操作现象较普遍，许多人认为农业机械操作简单，跟着别人看看就能驾驶操作。在这种观念下，很多农机手缺乏基本安全常识和技术培训，在造成机械损毁的同时也造成了人员伤亡。

2. 农机作业中的损毁风险

农业机械在作业中面临着损毁风险。农业机械的作业环境基本都在田间地头，部分农业机械还从事跨区作业服务，经常来往于不同的地形地貌之间。在一些山间梯田地形更是坡陡崎岖，农业机械在作业中极易发生倾覆等事故。水稻联合收割机常年作业温度多在40℃以上，作业环境较为恶劣，大大增加了农机的损毁风险。

3. 其他原因导致的损毁风险

农业机械大多数都是户外露天作业与存放，作业人员专业水平不高，操作简单粗放，对设备保养维护不足，超期超限作业，加大了农机的损毁风险。经常出现的情况就有零件质量有缺陷，转向油缸活塞、刹车摩擦片等耐磨性不高，导致收割机转向、刹车失灵发生碰撞、侧翻事故。有的机手将传动处的防护外罩和防护网卸去，导致夹伤人。

➡ **案例1**

无证驾驶导致机毁人亡

陕西省宝鸡市岐山县凤鸣镇五里铺村邢某驾驶自己的收割机在另一村组收割小麦，平时开货运汽车的彭某（邢某亲戚）来到地里，要求驾驶收割机作业，邢某没有拒绝，彭某驾驶收割机在地头由北向南倒车时，因不懂操作，致使收割机掉入地头20多米深的沟里，收割机严重损坏，彭某经抢救无效死亡。

➡ **案例2**

机耕道不通畅机毁人亡

2012年5月31日,陕西省扶风县法门寺三驾村周某驾驶自己的收割机在河南省淅川县上集镇关庙村沿坡路上行途中,收割机将路沿压塌,跌至25米深的乱石沟底,致周某当场死亡,收割机严重损坏。周某年仅32岁,上有二老下有小孩,是家里的顶梁柱,此事故给周家带来灭顶之灾。

➡ **案例3**

私自改装家人遭殃

2012年7月7日,陕西省陇县曹家湾三里营村王某驾驶麦霸4LZ-2联合收割机在甘肃省张家川回族自治县龙山镇作业时,收割机行驶到地头,王某让其妻子查看拨禾轮皮带松紧状况,因将防护罩卸去,其妻头发缠绕于割台动力传动轴上,致其双眼以上至后脑70%头皮被严重撕裂,花费1.2万多元,还留下遇天气变化头疼的后遗症。

(二)农机手的人身风险

农业机械离不开人的操作,而扮演这一角色的就是农机手。农机手作为农业机械的专业操作人员,与农业机械朝夕相处,特别是在农机跨区作业服务中,更是与农机共担风雨,所以农机手的人身风险也是农机风险的重要组成部分。农机手的人身风险主要来自两个方面：一方面是由于操作农业机械不当导致农机手的人身伤亡，另一方面是由于作业环境恶劣或作业时间过长导致农机手出现疾病和死亡。就前者而言，参照商业保险中的机动车辆保险保单条款规定，这一部分风险应当由农机手自己承担，不能作为可保风险。但是，很多农机手家庭就是由于这一风险一夜返贫。目前部分地方开展的农机互助保险试点则将这类风险列为可保风险，虽然从保险实务的角度压缩了保险利润，提高了保险组织的风险水平，但是从互助保险组织的宗旨来看，切实保障了农机手的权益，大大减少了农机手家庭一夜返贫的风险。而后者，从 2016 年夏收情况看，仅驻马店市一市跨区作业农机手就有近 20 人死于高温作业，可见农机作业环境之恶劣，作业风险之高。

（三）农机作业中的责任风险

1. 对第三者人身造成伤亡的责任风险

农业机械运行速度快，一旦发生事故可以说是非死即伤，对农机手或是受害者家庭都会造成极为严重的后果。第三者责任风险是对第三者人身造成伤亡的风险。农业机械在作业时，在作业区域内难免会有其他人员，特别是夏收、秋收农忙时，老人小孩多在田间帮手，有的坐在地头等待机收，有的进入作业田块，因不清楚农业机械作业的运行线路，极易出现人身伤亡事故，最为突出的就是联合收割机作业中的风险事故。联合收割（获）机机手因季作业，临时聘用者多，有部分被聘者既不掌握农业机械原理，又不熟悉安全知识，也不遵从操作规程，其操作农业机械时极易发生责任事故。

2. 损毁农田设施等的责任风险

农田作业环境，诸如：地形（平地或坡地）、地块（大小、形状)、田垄、水渠、田间障碍物(树木、电杆、坟墓、水利设施等)等因素不仅决定着农机作业的行走路线,也关系到农机作业安全。农机作业时,农机手对每一块作业农田的环境并不能完全清楚,农机操作难免存在视觉盲区,农业机械在农田作业时可能会意外损毁农田其他设施,造成责任事故。农田中常有附属的灌溉设施或其他农业劳作设备,许多农机手忽视了这些因素,驾机进地前不详细查勘,也不设置危险区标志,常常出事。

3. 其他农机作业中的责任风险

农机作业,由于环境和自身损毁导致起火引燃农作物的情况也时有出现,夏收龙口夺食,人歇机不停。一些机手忽视了对收割机的维护、保养,检查电器设备、供油系统也不够仔细认真,发动机排气管附近的麦糠、麦草也来不及清理,给收割机发生自燃事故埋下隐患。此类事故也属于农机手与农田承包户间的责任事故。

➡ 案例4

违反操作规程致人死亡

陕西省渭南市蒲城县孙镇刘家洼村杨某,22岁,家中独子。2012年11月11日18时许,驾驶本村刘某的福田谷神联合收割机,在延安市黄陵县上畛子劳改农场附近收割玉米,杨某未切断离合器,进上粮仓清除堵塞时,衣服被均粮搅龙卷入,造成右胸严重挤压,当场死亡。机主刘某返回现场,失声痛哭说:自己无法向杨某家人交待。

➡ 案例5

收割机自燃2亩小麦化火海

　　陕西省临渭区党某2012年4月从银行及亲戚朋友处东贷西借，凑钱买了一台雷沃谷神收割机，本希望通过机收改变家庭生活境况，然而2012年6月3日15时许，他驾驶收割机在河南省南阳市田间作业时，收割机发生自燃，造成收割机彻底烧毁，同时还引燃2亩多小麦。

➡ 案例6

倒车碰断电杆全乡停电

　　2012年6月28日8：40左右，兴平市阜寨乡双王村王某驾驶收割机在长武县居家镇常家村收割作业，在倒机时将电杆碰断，造成全乡停电，部分村民家电烧毁。经过多方协调，王某为此赔付了1.15万元。

三、部分地方开展农机互助保险的实践和经验

　　从2009年开始，陕西省开展农机互助保险试点，之后湖北、湖南和河南等地陆续开展了试点。农机保险试点从小到大，从政府推广到农机手主动参与，走出了一条不同于商业保险的互助保险发展之路。

(一)陕西省农机互助保险实践

2008年10月,针对商业保险不愿保农机风险,农机安全管理工作陷入困境,监理工作事故统计不上来,农民发生事故无保无助,损失纠纷难以解决等社会问题,陕西省农机安全监理总站邀请江泰保险经纪公司专家研究设计,提出了建立陕西省农机安全协会,并与江泰公司合作开展农机互助保险试点。原中国保监会予以大力支持。2009年,陕西省选择在7个地市的19个县启动农机互助保险试点工作,并逐步扩大到全省。

陕西省农机互助保险以"合作创新、服务农机、保障农民"为宗旨,集千家之力解一家之难。互助保险发展与安全管理服务相结合,与产业发展相结合,与合作组织建设相结合,先后开办了机损险、机上人员责任险和第三者责任险等互保业务。农机互助保险以低成本、广覆盖、多档次的方式提供服务,使参加互保的会员一旦发生事故有人救,出现损失有补偿,受到伤害能就医,万一死亡有所葬,责任纠纷有调解,实实在在地解决了一家一户想办而办不到的问题。

农机互助保险的创新发展,一方面填补了商业保险服务不到的空白,另一方面改进了监理服务方式,化解了社会矛盾,破解了农机保险多年来的"老大难"。农机互保业务实现了收支平衡、略有结余、稳健发展的设计目标,建立了一套行之有效的组织制度。截至2015年10月,陕西省试点县从2009年启动时的19个发展到93个,互保会员从5 700多户发展到38 305户,当年筹集互保资金从157万元增加到1 180多万元。

(二)湖北省农机互助保险实践

在国家农机购置补贴惠农政策的引导下,湖北农业机械化的发展出现了前所未有的好态势。但是，由于农业机械量大面广，且农机驾驶操作人员安全意识不强，技术水平参差不齐，农机安全事故隐患增加。许多农机手往往因一起意外农机事故，致使多年勤奋建立的小康家庭"一夜返贫"。农机事故已严重威胁着农民安全生产和农村经济的稳定发展。为破解农业机械安全风险保障的问题，从 2010 年起，湖北省农机安全协会（以下简称"协会"）与江泰保险经纪公司合作，借鉴中国渔业互保协会开展渔业互助保险和陕西省农机安全协会开展农机互助保险的经验，整合农机系统技术和服务网络的资源，以协会为平台，组织农民开展互助保险。

农机互助保险试点坚持组织创新、管理创新、制度创新、服务创新，集千家之力解一家之难，试点工作稳步发展，一年一个台阶。不仅破解了商业保险公司在农业保险上的"三高三难"（成本高、风险高、亏损高和展业难、定损难、理赔难），而且把农机互助保险与安全管理、风险防范、事故救援、损失补偿、纠纷调解、扶贫救济等相结合，有力地提高了风险保障能力，取得了"为农民解难、帮政府分忧、为农机保驾"的社会效果，受到了农民的欢迎和政府的支持与认可。经过探索，现已建立了一套较为完善的农机安全互助保险规章制度，形成了由保监部门监管、农机部门主导、农民互助共济、协会组织经办、江泰指导管理、县市会员服务站提供服务的风险保障新模式。

自 2010 年 4 月中旬开展农机安全互助保险业务至 2016 年，湖北省共发展农机互助保险会员 22.42 万名（其中：拖拉机手 66 310 名、收割机手 35 964 名、其他农业机械操作员 33 412 名、人身互助保险 88 552 名）。六年累计筹集农机安全互助保险会费 5 030.77 万元，积累农机风险准备金 663.18 万元，形成会员权益积分 125.58 万元，装备基层会员服务站查勘定损设施和办公设备等固定资产建设专项 881.96 万元。六年累计承担全省农机风险保障 50.31 亿元，共救援处理 3 309 起农机事故，其中拖拉机 1 678 起，收割机 1 422 起，其他农业机械 209 起，死亡 57 人，伤 579 人，机具损坏 2 852 台，农机互助事故综合补偿理赔金额为 3 209.84 万元，其综合补偿理赔率为 63.8%。

（三）湖南省农机互助保险实践

湖南省是农业大省，也是农机大省。2015 年底，全省拥有各类农机具 932 万台，总动力 5 900 万千瓦，其中田间作业机械超过 320 万台，农机驾驶操作员超过 300 万人。农机事业的快速发展在有效提高主要农作物机械化水平的同时，也带来了安全事故的增加。以 2012 年为例，全省共发生农机事故（含拖拉机道路交通事故）1 900 多起，受伤 1 200 多人，死亡 60 多人，直接经济损失 1 800 多万元。如何减轻安全事故对农机手及家庭带来的损失，对农机事业持续健康发展提出了严峻挑战。

2013 年 7 月，在湖南省民政厅和湖南省保监局的支持下，湖南省农业机械安全协会成立了，协会借鉴中国渔业互助保险协会开展的渔船互助保险和陕西、湖北两省农机互助保险的经验，与江泰保险经纪股份有限公司合作，启动实施了农机互助保险。截至 2015 年 12 月 31 日，已覆盖全省 123 个县市区，累计发展会员 12.8 万人，承担农机安全风险 62.6 亿多元，受理农机互保事故 2 074 起，已决理赔案件 1991 起，赔付 800 多万元，为农机手构筑了一道风险防护墙，促进了全省农机事业健康持续发展。

湖南省农机互助保险启动实施以来，一直秉持"集千家之力，解一家之难""互助共济、同登春台"的宗旨，坚持农机手自主、自愿参与的原则，不以任何形式强拉农机手入会参保，不为农机手指定投保的险种或规定投保的金额。在险种和投保金额的设计上，按照综合保障、区别对待、分开档次、自愿选择的办法，拟定了险种、费率和条款，设计了农机机身损失互助保险、机上人员责任互助保险和第三者责任互助保险等三个险种。农机损失险，机手可以在机具价值的50%～100%之间选择任何一个比例投保，机上人员责任险按机型不同设计了4～6个档次，第三者责任险按不同机型分别设计了4个档次。从实际投保情况来看，少数机手投保了3个险种，一部分只投保了1个险种，一部分投保了2个险种；参保会费最高的达到了2 100元，最少的只有50元，100～300元的居多。

　　在湖南省农机安全协会设立互助保险管理委员会，具体负责全省农机互助保险的组织实施和运行管理。在市州分会设立办事处，县市区设立会员服务站，财务统一由省协会负责管理，市州分块协调、县级负责承保展业与事故查勘定损。在开展农机互助保险时，摒弃了传统的商业保险路子，利用农机监理这个现成的工作体系，将开展农机互助保险和拓展农机服务职能有机结合起来，把市州办事处和县市区会员服务站设在农机监理机构，除确需聘用人员外，各业务岗位主要由农机监理员兼任，省协会给予一定的展业经费。省协会将发展农机互助保险作为基层农机监理部门、会员服务站绩效考核的重要内容，设计了事故率、赔付率、农机手满意率、社会满意度等考核指标，如果考核不达标、农民不满意，则给予批评、扣减业务经费，以此推动农机监理部门由重监管向监管与服务并重转变，既到达了最大限度降低农机互助保险成本，又实现了转变作风、提升监理形象的目的，得到了广大农机手和社会各界的广泛好评。通过创新运作模式，全省农机事故发生率控制在了1%以下，死亡率控制在了1‰以内，运营成本较商业保险模式降低一半以上。

湖南省农机互助保险条款约定，负全部责任的，按100%事故责任比例计算补偿；负主要责任的，按70%事故责任比例计算补偿；负同等责任的，按50%事故责任比例计算补偿；负次要责任的，按30%事故责任比例计算补偿；机器作业损毁的，最高赔偿400倍，路上损毁的，最高赔偿250倍；死亡最高赔偿金12万元，最大限度地降低农机手操作风险，为农机手解难分忧。只要不是大型、恶性事故，原则上要求15天之内理赔到位，1 000元以内的直接赔付，1 000元以上的报省农机安全协会同意后赔付，目前直接赔付率达40%以上。

四、开展农机保险的注意事项

农机保险曾经走过商业保险公司经营拖拉机"交强险"亏损难保的道路，现在正在探索采用互助保险模式经办农机保险。

从2009年开始，农机互助保险试点在陕西、湖北、湖南和河南省驻马店市蓬勃开展。前面已经对三省的实践情况进行了简要的介绍，下面以陕西省为例，对如何开展农机互助保险加以介绍。

（一）引入政府推动机制，多机构合作建设

在陕西省农业厅、农机局、农机安全监理总站的主导下，全省农机监理系统的单位、农机企业、农机专业合作社和农机手成立了陕西省农机安全（互助）协会，形成组织平台。协会与江泰保险经纪公司合作，共同建立了陕西省农机安全协会风险互助管理委员会，解决了资质合法和保险监管支持的问题。以农机安全协会风险互助管理委员会为平台，农机专家与农业保险专家合作，研究制定了一整套农机互助保险的组织制度、

条款、办法、单证，中国保监会批准了开展农机风险互助保险试点方案。方案以《陕西省农机安全协会互助管理办法》为"基本办法"，形成了"农机监理主导、协会组织经办、农民互助共济、江泰专家管理、事故补偿农民、结余滚动积累、会员权益积分、不以盈利为目的"的发展原则。这样，以陕西省农机安全协会互助管理委员会为载体，依托农机安全监理现成的服务系统，在地市县设立会员服务站，组织农机专业合作社、农机手参加互助，统一组织农户在一家保险公司"团购"，既解决过去在多家公司投保、业务分散、成本高、风险高、亏损之后都不愿保的问题，又能帮助农民省钱、维权，降低农民买高价"交强险"的负担，解决了农民不买交强险，农机监理没法挂牌办证的问题，还改变了单个农机户在保险索赔中的弱势地位。

在互助保险经营模式下，农机互助保险实行会员相互制、合作制保险制度，投保的农机手既是投保人也是承保主体。农机互助保险借鉴了商业保险的大数法则，实行全省统筹分区县记账的核算办法，集千家之力，解一家之难，同舟共济。农机手是农机互助保险的主人，出险以后共同承担损失赔偿，不出险有结余和积分返还，从而解决了投保人想保找不到承保主体，承保主体担心风险过高不敢保的问题，形成了抱团取暖、风险共担、结余共享的农机互助保险模式。

（二）根据农机风险保障需求，设计提供互助产品和服务

1. 农机机身互助险

陕西省2009年农机互助保险试点只包括拖拉机、收割机，湖北则在陕西之后将拖拉机、收割机、插秧机、耕整机、推土机、挖掘机等几乎所有的农业机械都包括进去。农机机身互助

险以农机实际价值为基准，互助会费标准低，平均每台农机交纳 100～200 元互助会费，最低的 30 元，收割机最高的 600～800 元，多档次给农民选择，低互助会费让农民掏着不费劲，互助险比商业险费用水平低 60%。

2. 农机手人身伤害互助险

农机手是操作农机生产的劳动力，他们在作业中一旦遭受伤亡，则需要马上拿钱抢救、医治、处理善后。他们的互助会费分 50 元、100 元两个档次，50 元的最高事故补偿 5 000 元，100 元的最高补偿 10 000 元。直来直去不拐弯，保证一个星期内快速救助补偿，对上了农民的心思。

3. 收割机跨区作业第三者人身伤害责任互助险

这是针对三夏、三秋跨区作业收割机发生事故造成第三者人身伤害设计的，互助会费最高 400 元，2011 年陕西省政府补助 200 元，农户交 200 元，最高互助保障金额 13.2 万元。互助期限分一个月、三个月、六个月"套餐"，让农民自己选择，对号入座。

（三）集千家之力解一家之难，防范道德风险

农机安全互助保险的资金以省为单位统筹管理，省协会风险互助管理委员会由协会的农机专家、会员代表和江泰公司农险专家组成，负责业务经办和条款拟订、操作规程修订。各地区、县设立会员服务站，组织农机专业合作社、农机手参加互助，由此形成了与农机安全监理系统并行的省协会地市办事处、区县会员服务站、乡镇农机专业合作社垂直联动的互助组织体系。全省机身互助险、机手人身互助险的互助金全部收缴到省，存入专用账户，统收统支，收支两条线，防范资金风险。发生事故损失需要补偿时，再由省协会审核查勘定损案

件，及时拨付补偿资金，经办费用按照《陕西省农机安全互助管理办法》规定，由省协会风险互助管委会拨付给地县会员服务站，监督补偿到农户手里。

不吃大锅饭对防范道德风险、加强会员监督和调动自身安全管理的积极性有好处：①各区、县会员服务站不吃大锅饭。《陕西省农机安全互助管理办法》规定，互助金实行全省统筹分县记账，当某一个县的会员互助金不够补偿该县事故损失时，由省协会互助管委会调剂资金保证补偿，以体现同舟共济。但要记入该县借款，待该县互助金出现余额时，归还调剂资金，以体现公平。同时，也督促了事故多发的亏损县加强安全管理、减少事故损失。如果某个县连续亏损，则适当调高该县互助金即会员费的缴费水平。②会员之间不吃大锅饭。互助会员实行权益积分制度，如果会员发生事故损失，则按照集千家之力解一家之难的原则，发挥互助共济的作用，用全体会员的互助金给他补偿，但他就不能得到会员权益积分；如果会员安全管理做得好，没有发生事故损失，则给该会员记入会员权益积分，以积分分值抵互助金的交费，促进农机户千方百计安全生产。

（四）农机安全互助保险实行会员相互制、合作制的保险制度

协会作为非营利性社团组织，开展农机灾害事故补偿制度建设，变更国家免税政策。按照相互合作制的原理，互助组织以会员交纳的互助金来承担风险责任和债权债务。会员代表大会审议通过规章制度、选举理事会，理事会聘请管理人开展业务经办服务，会员对互助金结余享有权益。农机安全互助会员是互助保险的主人，协会理事会负责决策。经办服务与农机安全监理系统相结合，不仅大大降低了业务成本，而且规避了技

术风险和道德风险。这就解决了商业保险公司多年来混办涉农业务难以解决经营所得利润合理免税的问题。虽然农机安全互助金规模小，但经办服务在少量的费用支持下依然有序地运营。经会员代表大会通过，《陕西省农机安全互助管理办法》规定，工作经费比例为县会员服务站13%，地区办事处3%，省互助管委会12%，江泰专家5%。互助金首先保证补偿，在此前提下提取费用。这样，为各层级开展业务创造了基本条件。会员服务站按照省协会的授权和《会员服务站工作规范》开展业务，建立了纸质单证管理和电子单证对账系统，实时对互助单的签发、互助金的收缴进行严格管理。

（五）巨灾风险分保，解决巨灾保障补偿

协会通过互助共济，集千家之力解一家之难，为协会集体购买分保分散风险创造了条件。《陕西省农机安全互助管理办法》规定，互助风险通过三道防线管理：第一道防线是会员交纳的互助金；第二道是用一部分互助金购买分保和再保险，以解决巨灾补偿问题；第三是用一部分当年结余积累专项风险基金，以应对大灾之年和重大事故损失。

（六）争取保费补贴，明确互助保险地位

2009年以来，农机互助保险已经得到了部分地区的大力支持，陕西省财政从2012年起对农机互助保险给予互助保费40%的补贴。各省通过财政补贴引导农机手主动参加互助保险，受到农民欢迎。有了财政的补贴，也就消除了农民对互助保险组织的后顾之忧，就不害怕保险赔不起要跑路，更激发了农民加入互助保险组织的积极性。

第十一章
设施农业及其保险

　　发展设施农业是转变农业发展方式、建设现代农业的重要内容，是调整农业结构、实现农民持续增收的有效途径，开展设施农业保险是促进设施农业健康发展的重要途径之一。随着设施农业的快速发展，各地积极探索开展设施农业保险，成效显著，设施农业保险受到关注和重视。

一、设施农业及其特点

（一）设施农业的概念和分类

　　设施农业以人造设施为手段，以配套的技术体系为支撑，以提高效益为中心，选择适宜品种和相应种植、养殖技术，使传统农业逐步摆脱自然条件的约束，进行现代工厂化、质量安全型农业生产。设施农业农产品打破传统生产的季节性，实现农产品反季节上市，进一步满足多元化、多层次消费需求。设施农业的核心设施有环境安全型温室、安全型畜禽舍和安全型菇房、水产养殖网箱等。设施农业可以划分为设施园艺和设施养殖两大部分。

　　设施园艺一般分为玻璃/PC板连栋温室（塑料连栋温室）、日光温室、塑料大棚、小拱棚（遮阳棚）四类。

　　设施养殖包括设施畜牧养殖和设施水产养殖。设施畜牧养殖一般包括安全型畜禽舍、自动控制喂养设施等。设施水产养殖主要包括工厂化养殖和网箱养殖两大类。工厂化水产养殖设施和装备系统包括工厂化养殖车间、供水与水循环处理系统与装备、增氧或供气装备、供热装备、水质在线监测系统、供电系统等。网箱水产养殖设施包括网箱系统、投饵机械、增氧机械等。

（二）设施农业的特点

1. 高投入、高产出

设施农业因用材和建设的区域不同，有很大的差异，投入的经费也大不相同。这里只介绍笔者近几年在东部地区的调研所见到的设施农业情况。土法上马的大棚（土墙、水泥立柱、竹竿棚架、覆盖草帘），建筑投资一般为每公顷 7.5 万～12 万元；钢架结构、砖墙（附保温材料层）、覆盖保温被、无立柱式大棚，一般投资为每公顷 105 万元左右；设施配套较全的先进大棚，每公顷投资高达几百万元，甚至几千万元。近年来，在设施大棚内种植各种高档蔬菜、水果、花卉等作物，土法上马的蔬菜大棚一般每公顷年产值为 15 万～45 万元，钢架结构、砖墙（附保温材料层）、覆盖保温被、无立柱式大棚一般每公顷年产值为 45 万～75 万元，设施配套较全的先进大棚一般每公顷年产值高达 75 万～150 万元。

2. 高技术含量

高端设施农业既是农业高科技的产物，也是农业高科技应用的重要载体。高端农业设施既应用了新材料、建筑工程、反光膜大棚降温等现代工程装备技术，也应用了增施二氧化碳、作物无土栽培等现代生物技术，还应用了自动调控温、湿度、自动施肥等智能信息技术等。高技术在设施农业中的应用大大提高了土地单位面积的产量。

3. 高风险

一是市场风险大。各种设施的建造和维护成本高，一旦农产品销售遇到市场波动，优质优价没有体现出来，生产主体就难以应对。二是自然风险大。日光温室和大棚设施一旦遇到超过了其抵抗强度的台风、冰雹、水灾等自然灾害，不但设施会遭到严重破坏，而且种植的作物也会受到严重损害，投资人多年的盈利可能全部赔进去，有的甚至破产。这样的例子不胜枚举。此外，技术风险也是设施农业经营过程中不可忽视的风险。

（三）设施农业的发展概况

1. 规模不断扩大

我国设施农业正式开始于 20 世纪 80 年代。随着农业技术的快速发展，适合不同地区、不同自然条件的设施技术不断改进，加上政策扶持和技术指导，设施农业在我国大部分地区得到推广，面积迅速扩大。2009 年，我国设施农业生产面积和产量已位居世界第一。到 2012 年我国设施农业面积逾 386 万公顷，其中日光温室面积超过 90 万公顷；生猪、蛋鸡、肉鸡、奶牛和肉牛的规模化养殖比例分别达到 64.5%、78.8%、85.7%、46.5% 和 41.6%[①]。设施水产中，海水与淡水养殖总规模已达 1 560 公顷和 4 358 万立方米。2007—2012 年我国设施园艺面积年均增长 9.1%。从产值看，2012 年我国设施园艺产业净产值达 5 800 多亿元，其中设施蔬菜占 95% 左右，设施

---

① 这里的规模化程度标准为生猪年出栏 50 头以上，肉牛年出栏 10 头以上，奶牛存栏 20 头以上，肉鸡出栏 2 000 只以上，蛋鸡存栏 500 只以上。

果树、设施花卉各占 2‰左右。2013 年中央 1 号文件提出加大发展现代农业和蔬菜标准园建设，把设施园艺产业的发展作为重要的发展内容。随着我国农业科技水平的提高和国际交流的加强，我国设施农业规模的增长速度不断加快。

2. 技术装备水平不断提高

我国设施农业技术越来越接近世界先进水平，以设施栽培和设施养殖为主要内容的设施农业高新技术不断得到突破，无土栽培技术、生物防治技术和自动控制技术得到普遍应用，设施农业装备技术，如温室节能技术、温室环保技术、温室智能化技术等不断改善，为我国设施农业发展提供了重要技术保障。我国已经初步建立了较为完备的设施园艺装备体系、设施养殖装备体系和设施水产装备体系。由于中国地形复杂，自然资源条件禀赋不同，各地根据自身条件设计农业设施和装备，一大批由我国自行设计、制造，具有中国特色的现代温室设施相继建成，温室制造及配件生产的企业、建筑施工企业数量快速增长，设施产业生产规模不断扩大，形成了多种类型、性能各异、用途广泛的配套设施体系，如加温与保温设施、降温设施、遮阳设施及灌溉设施等，为设施农业发展提供了高质量、高性能的物质装备，标志着我国设施农业装备的总体水平有了明显提高。

3. 管理能力不断增强

随着设施农业的发展，各地逐步采用现代化、系统化的管理手段，提高设施农业管理水平，确保设施农业快速健康发展。结合生产实际和市场需要，我国进一步强化设施农业生产全程管理，分阶段、有步骤推进管理，同时借鉴国内外先进管理经验和模式，提高设施农业管理水平，有效地避免盲目发展。为促进设施农业发展，2008 年农业部出台了《关于设施农业发展的意见》，2011年编制完成了《全国农业机械化发展第十二个五年规划（2011—2015年）》和《全国设施农业发展"十二五"规划（2011—2015年）》，进一步规划了设施农业的发展目标，将设施农业所需要的设备纳入政府补贴行列，启动了设施农业机械化水平的评价体系的研究等。2013年度，中央财政就为设施农业装备补贴了2.30亿元。

4. 研发创新能力不断提高

市场需求为设施农业研发提供了动力，推动了相关技术不断加快创新。不仅试验研究出比较适合我国气候条件与国情的园艺设施，而且在保护地栽培、节水灌溉、机械化育苗以及蔬菜、花卉、无土栽培等方面也取得了很多成果，有些成果已在生产中得到应用与推广，如温室主体结构建造质量不断提高，产品类型增多、性能更加完善、应用范围扩大。据农业部种植业司2009年统计，我国正在进行和已经完成的设施农业科研项目及成果近700项，已取得国家级和省部级科研成果100项，地方科研成果560余项。一批农业科技示范园区在政策带动下大力发展设施农业。目前我国累计建成农业科技园区5 000多家，其中73个国家农业科技园区、1 000多个省级农业科技园区、4 000多个市级农业科技园区；国家现代农业示范区153家。借助农业科技园区的平台，大量设施农业生产技术得以推广应用。

5. 发展模式多样

从各省的实际情况来看，河北、山东、河南等省份重点发展高效节能日光温室与塑料大棚等先进设施，发展小品种、精细化种植，生产反季节蔬菜、瓜果和花卉，提高农产品附加值。以北京、上海、天津等大型城市为代表，其都市设施农业成为大中型城市及其郊区农业的发展趋势。东部沿海各省在充足的资金、雄厚的科技条件等支撑下，逐步建成了一些具有高附加值的设施园艺，并成为该区域的特色。甘肃和新疆等西部地区由于干旱少雨，光照充足，这些地区以日光温室为代表的设施农业规模很大。广西和海南的设施农业建设与热带高效农业发展相结合，成效显著。

6. 综合效益凸显

设施农业在我国已被广泛应用于大田作物生产、水产养殖、畜禽饲养、蔬菜、林果、花卉种植等农业诸多领域，品种不断扩大和丰富，多数地区在设施农业发展中体现了以节能为中心、以高产出为特色，投入结构不断优化，取得了显著的经济效益和社会效益。设施农业通过综合运用生物、工程与环境等技术，有效地提高了农业资源综合利用水平，减少了水、肥料等要素的投入量，大大提高耕地资源利用率，提高农业产出水平，有效保证了农产品质量和供应。调查显示，设施栽培产量是露天种植的 3.5 倍。事实证明，设施农业是缓解人均耕地面积紧张问题和实现可持续发展的有效手段，是农民增收致富的重要渠道。2013 年全国设施蔬菜产值超过 6 万亿元。在山东省寿光市 233 户调查农户中，大棚蔬菜经济效益良好的比例达到 100%。

二、设施农业保险的内容

（一）设施农业保险及其承保对象

设施农业保险是高效设施农业和农业保险相结合的产物，是以农业保险手段为受灾的设施农业提供必要赔付，保障设施农业健康发展的保险形式。设施农业保险包括设施园艺保险和设施养殖保险，这里主要讨论设施园艺保险。设施园艺保险的标的一般分为大棚棚架、玻璃温室、薄膜、遮阳网、防虫网、

现代农业保险政策与实务

彩塑布、保温被等。保险人负责赔偿由于火灾、爆炸、雷击、暴风、台风、龙卷风、暴雨、冰雹、雪灾、空中运行物体坠落等原因造成保险标的的损失。

（二）设施农业保险的特征

1. 保额高、保费高

由于大棚设施造价高，导致设施农业保险保额高，进而导致保费高。例如，在上海市，单体 6 型棚每公顷保额 31.95 万元，保费 7 623 元；单体 8 型棚每公顷保额 48 万元，保费 9 600 元；连栋棚 GLP - 630 每公顷保额 87.9 万元，保费 15 822 元；连栋棚 GSW6330 每公顷保额 127.8 万元，保费 23 004 元；玻璃温室每公顷保额 639.3 万元，保费 9 589.5 元；国产温室薄膜每公顷保额 2.25 万元，保费 4 050 元；进口温室薄膜每公顷保额 3 万元，保费 2 100 元。

2. 定损技术高

设施农业保险标的物复杂，技术含量高，要求设施农业保险经营者不仅要懂得农业保险知识，还要懂得现代工程技术、现代生物技术、现代信息技术、防灾预警技术等，只有这样，才能做到科学定损。

3. 政策性强

农产品既能为生产者带来收益，又能满足消费者的需要。农产品的稳定供给既是生产者发展生产的需要，也是稳定全社会物价的需要，因而农产品的社会属性明显。设施农业的保费高，农民或设施农业经营主体的保费支付能力有限，需要政府给予一部分保费补贴。设施农业保险运作模式和传统农业保险基本相同，是由政府主导、保险公司市场化经营、财政提供补贴的政策性农业保险运作模式。

（三）设施农业保险的作用

1. 管理风险减少损失

设施农业的主体设施一次性投入高、使用期限长，设施内种养的作物或动物经济价值高，经营主体有一定的抗灾能力，但是遭受较大的火灾、雹灾、风灾、洪水等灾害，经营主体将会受到重大的损失，因灾破产、返贫现象时有发生，因而加强设施农业生产风险防范、控制和管理显得尤为重要。设施农业保险是管理风险的重要手段。设施农业经营主体可以通过购买设施农业保险，把部分风险转移给保险公司，保险公司具有专业的风险管理意识、风险预警和防控技术，可以借助农技和气象等专家提供技术指导，设计综合防灾防损方案，科学管理防控风险，尽可能地减少损失。

2. 提供基本经济补偿

设施农业保险具有损失补偿功能。当损失发生以后，保险公司及时组织人员开展查勘定损，以最快的速度把赔付资金拨付给投保主体，这些保险补偿金可以减少经营者收入大幅度减少的可能性，至少保证了设施农业简单再生产的正常开展。正因为保险补偿功能的存在，大大提高了农民和生产者投资设施农业的信心，促进设施农业的稳步发展。

3. 减轻地方财政负担

一部分设施农业的发展是以政府主导投资建设的，交给经营主体经营，还有一部分是农民或经营主体自己投资建设的，如果缺乏保险保障，一旦遭受重大损失，灾害救助和财政补贴的负担十分巨大。投保设施农业保险以后，农民和经营主体交纳一部分保费，财政补贴一部分，出现灾害以后，保险公司会根据交纳保费情况和损失状况及时理赔，这些经营主体就不会找政府部门要救济。政府部门以较少的保费补贴帮经营主体提供了更大的风险保障，真正起到了"四两拨千斤"的作用。保险公司再把部分风险转移到再保险市场，逐层逐步分散农业风险。

4. 质押贷款融通资金

保单质押贷款是投保人把所持有的保单直接抵押给保险公司，按照保单现金价值的一定比例获得贷款资金的一种融资方式。设施农业保险的保单的现金价值一般较大，可质押获得贷款的额度也较大。比如中国人民银行阜阳市中心支行在引导界首市金融机构开展农业保险保单质押贷款项目中，设施农业经营主体可以把保单质押给银行，银行根据信用程度按保险金额的50%以内发放贷款，保单质押贷款大大拓宽了农民和生产经营主体的融资渠道。

三、上海市开展设施农业保险的主要做法

自1993年开始，原中国人民保险公司上海分公司农业保险部针对上海市的灾害实际情况，开发了大棚蔬菜保险，对塑料大棚和棚内种植的蔬菜整体保险，在遭受保险责任范围内的损失后，分别按塑料大棚和棚内蔬菜的赔偿办法计赔。这一保险产品被2004年成立的安信农业保险股份有限公司（简称"安信农保"）延续。安信农保在延续的基础上积极创新这一产品，将大棚和棚内作物分开承保。大棚设施保费由市、区两级财政给予部分补贴，棚内蔬菜则全部由政府统一为农民购买保险，这样大大提高了农户投保积极性。目前，上海市的设施蔬菜保险覆盖率达100%。上海市开展设施农业保险的主要做法是：

第十一章 设施农业及其保险

（一）政府组织推进，营造发展氛围

上海市政府历来十分重视农业保险工作，设施农业保险作为农业保险的一部分，得到高度重视。主要体现在：①在组织保障上，全市成立了市、区（县）二级推进农业保险委员会，负责研究设施农业保险发展规划，协调设施农业保险参与各方的关系，促进了设施农业保险顺利开展。②在政策导向上，出台了一系列支持设施农业保险发展的政策，2009年起进一步扩大设施农业保险的范围，提高对设施农业保险的补贴力度。③在工作措施上，职能部门配合保险机构落实每年的设施农业保险承保任务，宣传动员，协调推进。④在防灾防损过程中，农技服务站、蔬菜办等基层涉农机构密切配合合作社和保险公司开展大棚设施的安全管理，遇到自然灾害预报和发生时，基层涉农机构及时与保险公司沟通，做出割膜防损决策。凡是沟通后做出的割膜防灾决策，不管灾害有没有发生，保险公司都按规定给农户赔偿割膜损失。⑤在定损理赔中，基层涉农机构工作人员帮助农户和合作社为保险公司核损提供证明。

（二）财政提供补贴，提高投保积极性

自2009年起，上海市市、区两级财政为大棚设施保险提供50%的保费补贴。考虑到各区县财力差别，市、区两级农业保险保费补贴资金实行差别化承担政策，具体比例为：崇明县由市财政承担补贴资金的80%，县财政承担20%；金山区由市财政承担70%，区财政承担30%；南汇区、奉贤区由市财政承担60%，区财政承担40%；闵行区、嘉定区、宝山区、浦东新区、松江区、青浦区由市财政和区财政各承担50%。各乡镇与合作

現代农业保险政策与实务

社为了鼓励农户投保，还给予一定比例的保费补贴，最终农户和生产经营主体承担大棚设施的保费约为保费总额的30%。

（三）集体组织投保，促进产业化发展

目前上海蔬菜种植主体分为两类：一类是以合作社、园艺场、龙头企业、种植大户为主的规模经营主体，是上海绿叶菜的主要供应方；另一类是土地较少的分散农户。为了鼓励和引导蔬菜产业化发展，对组织化程度高的主体，在保险配套以及保障程度方面给予费率优惠等支持，鼓励分散农户加入专业化合作社，由合作社组织农户集体投保。这样既降低了保险的展业成本，又促进了上海农业向产业化、规模化方向发展。

（四）保险公司经营，提高经营效率

安信农保在承保过程中，对大棚依照不同型号，按其重置价值、抗风险能力确定保额和保费费率。具体保额和保费标准如表11-1所示。

表11-1 2012年上海大棚设施保险险种保额和保费标准

型号	保险金额（元/公顷）	费率（%）	单位保费（元/公顷）
单体棚6型	319 500	2.2	7 623
单体棚8型	480 000	2	9 600
连栋棚GLP-630	879 000	1.8	15 822
连栋棚GSW6330	1 278 000	1.8	23 004
连栋棚GSW8430	1 440 000	1.8	25 920
玻璃温室	6 393 000	0.15	9 589.5
温室薄膜（国产）	22 500	1.8	4 050
温室薄膜（进口）	30 000	7	2 100

资料来源：安信农业保险股份有限公司。

134

对棚内蔬菜原则上按照年产值的 70％确定总保额，再按各季节产值比例分配保额。例如，某种设施蔬菜年产值 20 万元/公顷，年保额为 14 万元/公顷。2—7 月在田的春播菜保额为 5.6 万元，占年总保险金额的 40％；8—11 月在田的秋播菜保额为 4.2 万元，占年总保险金额的 30％；12 月—次年 1 月在田的冬播菜保额为 4.2 万元，占年度保险金额的 30％。

四、江苏省开展设施农业保险的主要做法

从 2008 年起，江苏省把积极发展设施农业保险列入农业保险工作的重点，省政府每年下发的农业保险文件都强调要"大力发展高效设施农业保险"。经过多年的发展，江苏省高效设施农业保险取得了显著成效。2012 年全省高效设施农业保险保费已经超过 5 亿元，占全省农业保险保费收入比重达22.94％。江苏省开展设施农业保险的主要做法是：

（一）财政资金支持

江苏省政府根据全省各地区设施农业发展状况，实施差异化保费补贴政策，《江苏省农业保险补贴标准》中明确规定，设施农业保险省级财政补贴比例为：苏南地区 20％、苏中地区 30％、苏北地区 50％。2012 年江苏省设施农业保险保费收入达 5.3 亿元，其中政府补贴 4.24 亿元，农户自交 1.06 亿元。2012 年苏州市高效设施农业保费收入 3 893 万元，其中财政保费补贴 3 292 万元，占保费收入的 84.55％；农民承担 601万元，仅占保费的 15.45％。保费补贴不仅解决了农户买不起保险、经营成本过高的问题，而且缓解了设施农业保险供需矛盾，提高了设施农业保险覆盖面。

（二）政企"联办共保"

江苏省设施农业保险实行政府与保险公司"联办共保"的运营模式。在业务上，双方各有分工，地方政府负责制定补贴政策，采取多种措施支持保险公司开展农业保险业务，保险公司负责开展农业保险实务操作和业务管理。在资金使用上，将当年保费提取一定管理费用和支付当年赔款后，保险公司与各级财政按照承担风险的比例，分别纳入基金专户滚存，作为保险发展基金。当保费赔付能力不足时，动用保险发展基金，基金仍然不足以赔付时，财政与保险公司按比例承担风险赔偿金。在"联办共保"模式下，江苏省政府、保险公司、农户形成了保险市场上的利益共同体，他们共同推进农业保险的各项工作。

（三）选择保险机构

江苏省设施农业保险依照"政府引导、市场运作、自主自愿、协同推进"原则，对省内保险公司业务资质、工作经验、财产状况、财务能力、网络建设、保户信誉等方面进行综合考评，选择中国人保财险、中华联合财险、紫金财险、太平洋财险等作为江苏省设施农业保险的主要承保机构。其中，中国人保财险凭借丰富的农险经营经验和专业化的服务队伍，在江苏省设施农业保险市场中占有绝对优势。中华联合财险自2003年起在江苏省开展设施农业保险试点，加强与各级政府合作，不断积累专业化能力，越来越受到政府和农户的认可。紫金财险自2009年成立以来就推出了适合江苏省的设施农业保险产品，2011年推出"小额信用贷款保险"产品，帮助符合条件的设施农业生产大户顺利获得银行贷款，开创了以保险产品为纽带，保险公司、政府和银行共同解决设施农业生产经营户融资难的新机制，促进了设施农业发展和产业结构升级。太平洋财险从 2012 年承保江苏省设施农业保险起，不断完善设施农业保险产品创新建设、服务体系平台建设、专业队伍建设，得到广大农户的认可。目前这四家保险机构在江苏省开展设施农业保险的积极性都很高。

（四）强化保险服务

保险公司严格遵守"惠农政策公开、承保情况公开、理赔结果公开、服务标准公开、监管要求公开"和"承保到户、定损到户、理赔到户"的"五公开、三到户"服务规范，在保险期间全程为设施农业撑起"保护伞"。例如，在承保环节，中国人保财险江苏省分公司用 GPS 定位仪精确测定设施大棚四至位置，通过平面图和明显标识来提高承保的准确性。在防灾防损环节，保险公司应用短信管理系统，免费为设施农业投保户提供灾害预警服务，有针对性地提出应对灾害的具体措施，如加固棚体、使用防虫板和防虫网、尽快采摘已到收获期的棚内作物等。在定损环节，保险公司在省、市、县三级公司建立了值班制度，灾情发生后立即与当地政府和农业技术专家组建勘察小组，随时掌握灾情，及时定损。在理赔环节，保险公司及时通过"一折通"或"一卡通"支付赔款，并公示赔款结果，实现了"零现金"兑付，做到了理赔公平公正、应赔尽赔、绝不拖赔，及时保障农户和经营主体进行灾后自救和重建。

五、设施农业保险投保的注意事项

（一）投保设施要进行价值评估

设施农业保险的主要投保标的是设施大棚，由于大棚设施的使用年限不同，其价值和抵抗自然风险的能力也不同，所以保险公司在确定设施保额和保险费率时首先会根据设施大棚的使用情况对其价值进行评估。而保险公司作为理性经济人，往往倾向于低估价值，高估风险。因此，投保人需要请专业评估机构对投保标的进行价值评估，以保证保额和费率的公平性。

（二）灾前要配合保险公司完善防灾措施

投保人、被保险人有防灾义务。投保人、被保险人应当遵守国家以及地方有关设施农业管理的规定，搞好设施管理，建立、健全和执行设施农业管理的各项规章制度，接受农业部门和保险人的防灾检查及合理化建议，切实做好安全防灾防损工作，维护保险标的安全。保险人可以对被保险人的保险标的的实际情况进行检查，及时向投保人、被保险人提出消除不安全因素和隐患的书面建议，投保人、被保险人应该认真付诸实施。投保人、被保险人未按照约定履行其对保险标的安全应尽责任的，保险人有权要求增加保险费或解除保险合同。

（三）灾害发生时要及时通知保险机构

在保险合同有效期内，农业设施的危险程度显著增加的，被保险人应当按照合同约定及时通知保险人。被保险人未履行通知义务的，因保险标的设施的危险程度显著增加而发生的保险事故，保险人不承担赔偿保险金的责任。比如当预报台风即将来临时，保险公司一般会通知投保人通过割破大棚上覆盖的薄膜，来减少台风对大棚的损害。如果投保人没有及时采取防灾措施，导致更大损失的发生，在保险理赔时不顺利，还可能影响投保人的风险信用，在未来投保中会面临更高的费率。

（四）灾后要及时上报受灾信息并采取减损措施

投保人、被保险人有保险事故通知义务。保险事故发生后，被保险人应该：①尽力采取必要、合理的措施，防止或减少损失，否则，对因此扩大的损失，保险公司不承担赔偿保险金的责任；②及时通知保险人，并书面说明事故发生的原因、经过和损失情况；故意或者因重大过失未及时通知，致使保险事故的性质、原因、损失程度等难以确定的，保险公司对无法确定的部分不承担赔偿保险金的责任，但保险人通过其他途径已经知道或者应当及时知道保险事故发生的除外；③保护事故现场，积极协助保险人进行事故调查。

参考文献

毕朱，柳建平 . 2008. 现代农业的特征及发展途径 [J]. 经济体制改革（3）：92 - 96.

曹俊杰，王学真 . 2009. 论现代农业的"十化"特征及其互动机制 [J]. 云南社会科学（2）：109 - 114.

柴智慧，赵元凤 . 2012. 内蒙古政策性奶牛保险现状问题探析 [J]. 中国奶牛（22）：37 - 40.

常鹏 . 2016. 我国畜牧业现状与发展进程探微 [J]. 北京农业（4）.

陈锡文 . 2014. 在 2014 年第二届"隆平论坛"上的讲话 . 中国农业发展形势及面临的挑战 [OL]. 2014. http：//news. sina. com. cn/o/2014 - 11 - 24/092231192687. shtml.

陈锡文 . 2016. 在 2016 中国农业发展论坛上的演讲 . 十三五中国农业发展 [OL]. 农经传媒，http：//www. jinnong. cn/news/2016/4/18/201641813271133715. shtml.

杜忍让 . 2010. 畜牧业生产的经营风险与风险规避 [J]. 陕西农业科学，56（5）：172 - 174.

方首军，李宗华 . 2012. 政策性能繁母猪保险实践：模式、困境与启示——基于广东阳江的实证 [J]. 农村金融研究（1）：58 - 63.

冯长春，秦海生 . 2014. 我国设施农业发展研究 [J]. 当代农机（2）：10 - 12.

郭永利 . 2011. 农机安全互助保险的设计和实施效果 [J]. 中国保险（6）：56 - 61.

胡建 . 2012. 现代设施农业现状与发展趋势分析 [J]. 农机化研究（7）：245 - 248.

黄美云，黄大为 . 2014. 我国现代设施农业发展存在的问题及对策 [J]. 现代农业科技（4）：187 - 192.

黄英君 . 2010. 中国农业保险发展的历史演进：一个制度变迁视角（中）

[N]．中国保险报，12-08．

蒋和平．2007．中国现代农业建设的特征与模式 [J]．中国发展观察（2）：
　11-12．

降彩石，王亚明．2008．政策性生猪保险开办的实践 [J]．保险研究（5）：
　60-63．

鞠光伟，王慧敏，陈艳丽，等．2016．我国生猪目标价格保险实践的效果评
　价及可行性研究——以北京、四川、山东为例 [J]．农业技术经济（5）．

孔祥智，周振，钟真．2014．农业机械化：十年进展与发展方向 [J]．科技
　促进发展（6）：21-29．

蓝海涛，王为农，涂圣伟，张义博．2016．"十三五"我国现代农业发展趋
　势及任务 [J]．中国发展观察（10）：30-33，36．

李德发．2016．畜牧科技的前沿进展及其对畜牧业发展的贡献 [J]．中国畜
　牧兽医文摘，32（2）：1-2．

李建平．2013．朝阳市设施农业保险的必要性及建议 [J]．现代农业科技
　（15）：231-235．

李凯年，逯德山．2006．从传统向现代转型我国畜牧业风险性加大 [J]．养
　殖与饲料（11）：63-65．

李中华，王国占，齐飞．2012．我国设施农业发展现状及发展思路 [J]．中
　国农机化（1）：7-10．

刘蕾．2013．我国设施农业发展现状与对策分析 [J]．农业科技与装备（4）：
　57-58．

刘自强，李静．2014．农业多元功能的拓展与现代农业产业体系的构建 [J]．
　现代农业（9）：95-97．

龙文军，夏云．2014．新形势下我国畜牧业保险现状及建议 [J]．中国畜牧
　业（6）：35-37．

马有祥．2016．"十三五"规划解读：新常态下我国畜牧业发展战略分析
　[J]．中国猪业，11（1）：16-21．

齐皓天，龙文军．2012．上海市开展设施农业保险的探索与实践 [J]．中国
　农垦（10）：64-67．

秦吉江．2016．中国设施农业机械装备的现状分析及发展前景研究 [J]．农

民致富之友（12）：223.

任永昌.2014.创新开展畜牧业保险［J］.猪业观察（9）.

邵俊文.2014.我国设施农业的现状及发展对策［J］.农业与技术（1）：237.

申鑫，夏云，侯晓丽.2013.江苏省开展设施农业保险的经验和启示［J］.中国保险（9）：32-34.

宋洪远.2015.中国农业新型经营主体发展研究［M］.北京：中国农业出版社.

陶武先.2014.现代农业的基本特征与着力点［J］.中国农村经济（3）：4-12,33.

庹国柱，朱俊生.2008.对相互保险公司的制度分析——基于对阳光农业相互保险公司的调研［J］.经济与管理研究（5）：23-27,33.

王定祥，谭进鹏.2015.论现代农业特征与新型农业经营体系构建［J］.农村经济（9）：23-28.

王航.2013.我国东部地区都市现代农业多元功能比较分析——以沪宁杭为例［J］.农业现代化研究（1）：25-29.

王克，张峭，肖宇谷，等，2014.农产品价格指数保险的可行性.保险研究（1）：40-45.

王容.2015.浅谈畜牧业的特点［J］.畜禽业（11）：47-48.

行学敏，等.2013.农机事故的成因、损害及预防对策［N］.中国农机化学报（2）：47-49.

徐茂，邓蓉.2014.国内外设施农业发展的比较［J］.北京农学院学报（2）：74-78.

徐雪高，龙文军，何在中.2013.中国农业机械化发展分析与未来展望［J］.农业展望，9（6）：56-61.

于帅，李杨.2012.我国设施农业发展现状及方向——专访中国农机工业协会副秘书长宁学贵［J］.农业机械（22）：91-93.

余欣荣.2013.我国现代农业发展形势和任务［J］.行政管理（12）：10-16.

张红宇.2014.在2014年第二届中国新农业产业年会上的讲话.新形势，新挑战，新机遇，新发展，新突破［OL］.http：//futures.hexun.com/2014-

11 - 28/170905871. html.

张军 . 2011. 现代农业的基本特征与发展重点 [J]. 农村经济 (8)：3 - 5.

张攀春 . 2012. 现代农业的主导功能及其可持续发展 [J]. 农业现代化研究 (5)：548 - 551.

张跃华，顾海英，史清华，2006.1935 年以来中国农业保险制度研究的回顾. 农业经济问题 (6)：43 - 47.

张震，刘学瑜 . 2015. 我国设施农业发展现状与对策 [J]. 农业经济问题 (5)：64 - 70，111.

郑新立 . 2013. 我国发展现代农业面临难得的历史机遇 [M]. 中国经济导报，02 - 23.

周静 . 2016. 论我国设施农业发展现状 [J]. 现代农业 (2)：78.

朱阳，王尔大，于洋 . 2011. 完善畜牧业保险发展的若干建议 [J]. 宏观经济管理 (6)：47 - 48.

后　记

经过近3年的努力,本书终于出版了。除我本人以外,其余参与书稿撰写的同志有:齐皓天、王克、李彩凤、刘国磊、赵子超、温鸿鸣、梦丹娜、唐胤展、李瑞奕、李竣、张斌、王佳星、黄泽颖、李向敏等同志。

我根据国家相关政策和部门职能的调整情况对书稿内容进行了多次修改。全书摒弃了那些深奥的理论和模型,力求以通俗易懂的方式向读者介绍现代农业和农业保险知识。本书可以为农民购买农业保险作参考,可以为初期研究农业保险的学者提供知识储备,可以为农业保险从业者提供系统的素材,可以为政府决策人员建立现代农业与农业保险发展的整体轮廓。

在撰写的过程中,我们参考了一些同行的研究成果,有的在参考文献中点出来了,难免存在疏漏。书中提到的一些保险产品有的可能在某个区域适用,在其他区域不适用,有的可能在本书出版时已经不适用了,但不妨碍对农业保险知识的理解。感谢广大读者的包容和理解,并为我提出批评意见。在即将出版之际,特向同行和广大读者表示感谢。我还要感谢参与撰写书稿的同志、江泰保险经纪公司郭永利研究员以及提供相关资料的保险公司、中国渔业互保协会等。

龙文军

2018年7月1日